不当败犬
做魅力女王

爱情的幸福求生术

凯莉 ◎ 著

图书在版编目(CIP)数据

不当败犬,做魅力女王:爱情的幸福求生术/凯莉 著.－重庆:
重庆出版社,2011.7
ISBN 978-7-229-04057-4

Ⅰ.①不… Ⅱ.①凯… Ⅲ.①女性－爱情－通俗读物
Ⅳ.①C913.1-49

中国版本图书馆 CIP 数据核字(2011)第 086220 号

不当败犬,做魅力女王:爱情的幸福求生术
Bu Dang Baiquan, Zuo Meili Nǚwang: Aiqing de Xingfu Qiusheng Shu
凯莉 著

| 出 版 人:罗小卫
| 策 划 人:华章同人
| 特约策划:李家晔
| 责任编辑:刘学琴
| 特约编辑:胡世勋
| 责任印制:杨 宁
| 营销编辑:田 果 王朝选
| 封面设计:熊琼工作室

重庆出版集团
重庆出版社 出版
(重庆长江二路205号)
三河九洲财鑫印刷有限公司 印刷
重庆出版集团图书发行公司 发行
邮购电话:010-85869375/76/77 转 810
E-MAIL:bjhztr@vip.163.com
全国新华书店经销

开本:880mm×1280mm 1/32 印张:7.75 字数:176千
2011年7月第1版 2011年7月第1次印刷
定价:28.00元

如有印装质量问题,请致电023-68706683

版权所有,侵权必究

Contents

目录

自序：我的幸福也曾危险

Part ❶ 单身女子的秘密心事

不当败犬女王 /003

女人该要多主动？/009

女人最想要听的话 /015

"应该"和"不应该" /022

可以接吻，但不想做女朋友 /026

了解真实比爱更重要 /032

女人的闺中密友 /035

干妹妹、哥们儿、前女友 /039

情侣间的反话 /044

我爱你，但并不特别 /048

Part ❷ 做女王，内心很纠结

如果我不漂亮，你还爱我吗？ /055
是真心喜欢，还是寂寞？ /059
喜欢的男人有女朋友 /062
若你爱上了才子 /067
爱上不挑嘴的人 /070
初恋成为越不过去的罩门 /074
一场远距离的爱情 /078
爱情里的逃避 /082
忘不了他，就继续想念他 /086

Part ❸ 看清男人的另一面

男人内心藏着一个小男孩 /093
以征服为乐的男人 /100
炫耀是男人的天性？ /106

他为何不想结婚？/111
熟男的真心话 /117
男人真的想追您吗？/121
当男人拿自己的女友说事 /125
他不是不爱你，他更爱自己 /128
好男人不会上夜店找老婆 /132

Part 4 草食男与肉食女

女人的那点心思 /141
草食男与肉食女 /145
别把"让人喜欢"当嗜好 /150
当你爱上"史莱克" /154
ABC 男生的交往法则 /158
你有过渡情人吗？/162
是你宠坏了另一半 /167

放弃，还是选择？/172
异国恋和西餐妹 /177
手机与恋爱的进化史 /183

Part 5 婚姻，不只是两个相爱的人

我们一定要结婚吗？ /191
败犬或人妻，还有其他选择吗？ /196
别把不幸的责任推给别人 /204
到底谁该付钱？ /210
男友的妈妈不知道我是谁 /217
他的妈妈不喜欢你 /221
女友和老妈，该选谁？ /225

自序

我的幸福也曾危险

凯莉

前阵子，大概就在确定要出书的时候，我在书店逛着逛着，突然看到一行令我惊奇的大字："写作的女人生活危险"，我愣了一下定睛一看，这是一本新书的书名。

我是写作的女人，而且，当我一翻开目录，就看到那些鼎鼎大名的"写作的女人"：西蒙娜·德·波伏娃、乔治·桑、伍尔芙、简·奥斯汀、萨冈、杜拉斯、莫瑞森……都是我的偶像，她们的勇敢和大胆令我景仰，她们的智慧和才华我难以望其项背。我深受吸引，情不自禁又有些羞怯地拿起来展读。

"写作，是上帝给女人的死亡之吻。"这本书开宗明义地说。

接着，就像恐怖片般的情节，它一篇一篇地告诉你，写作的女人有多么悲剧与孤寂，她们的情感丰富，却往往情路坎坷，大部分都很短命，长寿者不是贫穷就是晚景凄凉，写作终究会把她们引往死亡之路，而陪伴她们的只有作品。

太惊悚了。我想，正在尝试写作，或已经在写作但还单身的女人，看到这本书应该都会感到无比郁闷，或者决定飞也似的逃离写作。

写作只会将你领往不幸，写作的女人无法兼顾工作和爱情，或是生活和家庭，你要不就听从乔治·桑的建议："别写书了，去生几个小孩吧！"你要不就像波伏娃一样，不结婚也不买房，索性住在旅店里。"我的手是用来写作的，不是用来抱小孩和做家事的。"这是她的理论。

要命的是，我不但写作，还结了婚，生了小孩。我每天至少要花四到五个小时专心写作（剧本、散文，有时候是报道），还要花一个小时上博客回留言，三个小时照顾小孩，做家事，洗碗或煮饭，甚至和老公聊聊天，看看电视或听音乐。我周末原则上不工作也不开计算机，就是个全职保姆。

像我这样写作的女人，依照她们的逻辑，我迟早会把自己逼上绝路。"女人是不写作的，如果她们写作，就会去自杀。"一位乌拉圭的女诗人如是说。

我得诚实地说，如果我现在不是以写作为生，如果不是遇见了丹尼尔，我可能会深受打击。我未来的人生，只能在写作和幸福两者之间做一个选择，因为写作只会不幸，而想要幸福就不能写作？

所以，我决定来写这篇文章，是这个男人，让我兼顾写作和幸福，我现在既能痛快地写作，又能在生活里获得快乐和满足。与其说这篇序是写给我自己的，不如说是写给我最亲密的人，也就是网友们常闻其声却从不见其人的丹尼尔，我的老公。

很多网友对我和丹尼尔的故事感兴趣，我并没有特意在博客略而不提，只是觉得，我们也不过就是平凡夫妻，我们过着的每一天，就和你在过着的每一天是一样的。吃饭、睡觉、陪小孩、努力工作、付账单，周末的时候去逛书店，在市场买菜和酒回家，晚上女儿睡了之后，一起在沙发上看DVD，就是这样的平凡生活。

我认识丹尼尔的经过，甚至三言两语就讲完了。那是我从美国留学回来的那一年，和同事随口提起："我没有男人啊，帮我介绍吧。"已有男友的同事想起，几个月前似乎有认识一个新的朋友，马上把他的MSN传给我。

我和丹尼尔，星期一MSN，在网络上闲聊几句；星期四到他家去看他室友养的米格鲁，是第一次见面；星期六我约他陪我去看高中同学的集体婚礼，之后我们去喝了杯咖啡；这期间又讲了几次电话，隔周的星期四，散步的时候，他突然把我的手牵起来，问我要不要做他的女朋友。我们就这样在一起，直到现在。

次年十月，认识满一年的时候，我们订婚，再三个月，我们结婚了。

从恋爱到结婚的过程，算是很戏剧性，也很不戏剧性，看你个人主观认为的"快"和"慢"，代表什么意义。

成熟的大人都知道，我们不见得会和在一起最久的那个人相守一生，而认识不久的人，也未必就不会和你掏心掏肺，相濡以沫。

所以，时间长短从来就不是决定幸福的关键，你自己想要什么，你心里要很清楚。

或许我和丹尼尔，就是那种太清楚自己要什么，又不要什么的人，所以当我们相遇，我们很快就知道，对面这个人，就是那个想要牵手一辈子的人。

结婚六年多了，我们搬过一次家，生了一个孩子（现在有了No.2），到目前还是无房无车无资产也无负债的城市夫妻。曾经大吵过到把"离婚"两个字脱口而出（这真的没什么好劲爆的，十对夫妻大概有八对都有这种经验），也曾经痛哭流涕觉得无法失去对方，称不上是多资深，但也算是婚姻里的有经验者了。

认识丹尼尔的时候，我还是一个杂志社的小编辑，领着不痛不痒的薪水，每年要花几十天在国外没命地出差跟采访，每逢截稿月，就是连续两个星期加班到12点的疯狂生活。过了两年我转到周刊当记者，平日比较自由，不需要天天进办公室，出差的时间也变短了，但是每遇到周末截稿，总编改稿和修稿的巨大压力很要人命，还有找不到受访对象，写稿角度不够犀利等等问题，令人抓破头皮的事也是家常便饭。

然而，在我的幸福生活里，也曾经距离危险很近。

三年前我决定从周刊离职，一边写小说一边尝试做编剧，这是一个相当冒险且无法回头的选择。我在周刊的记者工作，无论头衔、薪水和福利，都算令人满意，我却为了一个空泛的编剧梦，执意想往前奋力一搏。尤其，我从没有编剧经验，而编剧的接案（被采用）和收入又相当不稳定，我知道，我极有可能把自己逼入一个危险的境地。

《痞子英雄》电视剧是我的第一部编剧作品，在剧本写完之前，有一段相当长的时间，我只能靠小说的奖金和之前的积蓄维持生活。如果对一个刚出社会或没有家累的人，这并不是什么可怕的事，但是我有家庭，有小孩，还有房租、保姆费和水电费，这些开销一样都少不了。

丹尼尔却从没有对我的冒险说过一句反对。

在那段等待剧本开工的日子，他甚至每个月额外发零用钱给我，让我可以安心写作照常吃饭买菜，不致感到太困窘。

回想和丹尼尔结婚的这些年，或许是我人生以来，对自己做的选择最有信心的一段时间也说不定。

他从不质疑我在工作上做的任何决定，也从不阻拦我对事业的任何梦想。如果我需要建议，他会静静地听我说完，再理性地切中要害给我提醒。我知道我可以大胆地告诉他我真正的期望和理想是什么，他从不打击或嘲笑我，他总是相信我，并且支持我去做我想做的事。

当我开始写小说、写剧本，他为我做的第一件事是，在我们那窄小的公寓里，添入一个大书柜和一张我专用的书桌。后来，考虑到我长时间写作的需求，他又陆续买了舒适的办公椅和超大的计算机屏幕给我。

去年夏天，我因为《痞子英雄》电影剧本，必须住在饭店一个星期闭关赶稿的时候，丹尼尔每天不辞辛劳，到饭店陪我吃午餐，傍晚的时候带女儿来看我，晚餐后再把女儿带回家。在那个星期里，他从没对我这个离家的妻子发出一句抱怨，还是把家里整理妥当，也让女儿每天干干净净地去上学。

　　对我来说，这是一个写作的女人真正渴求的生活伴侣。

　　写作的女人不需要豪宅、名车、钻戒或鲜花（所以我始终不觉得《欲望都市》里的凯莉是写作的女人，哈），也不需要不切实际的浪漫和承诺。写作的女人需要的是自由、理解、体谅和支持，当我想出一个有趣的故事创意，他能够做我第一个最客观的听众；当我在工作上受到挫折，他也是第一个给我安慰给我勇气的支持者。

　　所以我要把这本书献给丹尼尔，我的老公，也是我的精神伴侣。

　　I love you, and thank you so much.

Part 1
单身女子的秘密心事

单身生活是这么诱人，是这么轻松，是这么愉快；如果单纯为了结婚，为了这个由陌生到熟悉的男人，而放弃单身的生活，这是一个多么大的冒险。

不当败犬女王

> 她们很清楚，
> 结婚，不是结了婚就得到幸福，有些人，结了婚却更不幸福。

作为一个编剧，有时候真的很佩服电视台的创意，竟然可以把两种流行名词结合成为电视剧名称："败犬"+"女王"。说真的，剧名真的很重要，像某些剧叫做"××花的春天"或是"爱情××屋"，实在太老土了，完全提不起我的兴趣。

有些人还不太清楚"败犬"是什么意思，这原本出自一位日本女性作家酒井顺子的书名《败犬的远吠》，书中的名言如下：

"美丽又能干的女人，只要过了适婚年龄还是单身，就是一只败犬；平庸又无能的女人，只要结婚生子，就是一只胜犬。"

至于"女王"，除了论坛上常有一堆男性把自家老婆或女友题名为"我家女王……"之外，拜最近台湾很红的博客"女王"（她的书《一辈子做女王》由重庆出版社出版）之赐，许多广告和杂志标题都加上"女王"二字。我想如果我是女王，或许会希望借名字给人家用可以收费，可惜"女王"不是特殊名词，应该不能申请专利。

申请专利的话，比方说"火星爷爷"或是"自由鱼"大概还可以，"史丹利"跟"酪梨寿司"或是"凯莉"大概就不行。

取名真是大大有学问。

星期天《败犬女王》（还是很佩服有人能设计出《败犬女王》这种剧名，不管戏好不好看，台剧总算比较像日剧，还是蛮"给力"的，跟得上时代潮流和社会议题了。——笔者注）首播，我其实不是这个时段的固定观众（据说台湾偶像剧的收视群以4到14岁为主，真令人吃惊），但作为一个编剧，如果连正在播出的戏长什么样子都不知道，真是太瞎了，至少去制作公司提案的时候要能跟对方说上两句。

杨谨华饰演的"单无双"，是一个打扮光鲜亮丽、精明能干、毒舌泼辣的女强人。说真的，或许是电视剧通常认为漂亮的女主角比较吃香，所以设定了这样形象的"败犬"，也或者，他们比较想要的是"女王"那样成功形象的未婚女性。

然而，我看了之后，却很难得到共鸣。并不是因为我已婚（但我也不认为自己是胜犬哟），而是因为我想象着身边许多未婚的女性好友，她们会问这样的话：我能过这样的生活吗？

有一次，我上节目通告认识了青木由香（《台湾，奇怪呀》的作者，她这本书的译者也是我的好友），她说自己都三十好几了，事业没什么成就，每天还为钱苦恼，连父母都已经懒得说她了。

"我啊，就是一只败犬。"青木说这话的口气还蛮可爱的。

前阵子和我去花莲旅行的大学同学H，曾列举自己的"鱼干女指数"，即败犬指数：

在家用鲨鱼夹夹头发

穿着破旧的 T 恤

胆敢不化妆戴眼镜出门

不清楚自己的体重跟腰围（她家根本没有体重计！）

最近跟朋友没有任何有趣和恋爱的话题可谈

假日通常是一个人在家无所事事度过

常把"随便啦""真麻烦"等挂在嘴边

……

另两位自称"鱼干女指数"也很高的朋友 W 和 S，她们早在年过三十五岁的时候就告诉我：

"凯莉，我们已经相约以后要一起去住老人公寓，总之当个邻居，有个照应。"

听来好像很凄凉，不过这是她们面对"迟迟不来的姻缘"，用来安慰自己的乐观态度。

在苏花公路的车上，H 说："我到最近（三十二岁），真的开始感受到，所谓单身这件事是有压力的。"

"有什么压力？我觉得单身很好啊。"不是我不爱丹尼尔，而是单身确实是已婚女性不可能拥有的一种向往。

"你知道吗？我的意思是说，现在单身，明年也单身，或许就这样一直单身下去，然后到很老很老了哦。"H 说。

"说不定你老的时候就遇到对象啦，反正人在一起，不就是为了老了有个伴？结了婚的人也会离婚啊，现在单身不代表以后也会单身。"我回答。

如果说，这社会上有"未婚败犬"的观点，是说这些女生个个眼界太高，想要当女王，那么我必须说，真的是大大的错误。

她们中的绝大多数，并没有光鲜亮丽的外表，精明能干的形象。或者说，其实她们有些也长得很正，只是不喜欢花太多时间弄头发跟搞睫毛膏，有些因为担心嫁不出去，所以把薪水都省下来付房贷。比起去人挤人去周年庆抢便宜的化妆品，她们更关心哪家超市有好吃的罐头在打折。

她们敢在这个女性早被化妆品和整形淹没的年代，以素颜加上眼镜模样示人，并不是因为她们对自己的外表很有自信，只是因为懒惰加上觉得没必要。她们或许也认为，那些会因为她们真面目欣赏她们的男人，才是她们要寻找的真爱。

她们当中有些人觉得很别扭，害怕相亲和通过友人介绍结识异性，觉得那样很做作。如果你说她们太保守，她们会说她们只是在陌生人面前会害羞。

有些人比较勇于认识异性，也欢迎别人介绍，但是痛恨无厘头的牵线与盲目的相亲。

比方说，我的一个女朋友P，她的妹妹有次说："某某认识一个男人是单身哦，你想见见吗？"

P反问妹："你见过那男人吗？"

"没有。"妹诚实答。

"你连他都不认识，怎么就让我跟他见面？就只因为他单身就把他塞给我！"

P的愤怒是有来由的。在这之前，她已经有数次的盲目相亲都非常不愉快，部分对象甚至已经到了诡异的地步。

我明白这些女生的痛苦。她们许多人的条件其实很宽，不要说经济能力这么表面的问题，她们甚至不排斥比她们矮的男人，离过婚带小孩的也欢迎，有些女生还自嘲："他自己有孩子更好，这样我也省得替他生孩子。"

那问题到底出在哪儿？

其实很简单啊，至少那个男人要让她们有想躺在他身边的冲动。至少，要可以想象，愿意跟他经营生活的点点滴滴。至少，愿意每年陪他家人过年，帮他家扫墓，愿意尽到关于妻子与媳妇的责任和义务。

毕竟，单身生活是这么诱人，是这么轻松，是这么愉快；如果单纯为了结婚，为了这个由陌生到熟悉的男人，而放弃单身的生活，这是一个多么大的冒险。

我明白她们，只是不想为了结婚而结婚，不想为了应付适婚年龄过期焦虑而去结婚，不想为了堵住家人朋友与长辈甚至是社会舆论的悠悠之口去结婚。

因为她们很清楚，结婚，不是结了婚就得到幸福，有些人，结了婚却更不幸福。

她们很实际地面对自己，看待自己。努力工作，喂饱自己，不是为了向谁证明，有的时候只是不得不。她们或许连自己家庭的问题都应付不完，哪还有心力去应付另一个家庭？

她们当然希望有人爱，有朋友爱，有男人爱更好，但是过犹不及，男人爱得太多爱得太烈，她们也会烦。

她们不会矫情地说："我一个人也很好。"因为当她们生病时想要人照顾，受到委屈时想要人倾听，感到寂寞时想要人陪伴，这些真真实实的单身生活都经历过，正因为经历过，所以她们不虚伪，她们还是想要有人陪。

如果她们被叫做"败犬",不一定会生气,毕竟她们不认为,结了婚的女人会胜利到哪里去,生活品质和幸福感还是一个最重要的标准。

当然,有些女人也不想当"女王",因为她们就是她们自己,认真过好属于自己的生活。一味地跟着别人的步子走,有时候不免像个很孬的人……

女人该要多主动？

> 如果他真的喜欢你，只是他比你还害羞，还像个涩女郎一样裹足不前，那你走过去一点，给他多一点暗示。
> 行不通就用明示吧，男人有时笨得超乎想象，又有什么关系？

几乎所有的单身女人都会对这个问题感兴趣：当我遇到喜欢的男人，我可以多主动？

比起早年只有手写情书和市内电话的年代，现在的女人，想要主动追男，实在幸运太多了。大家可以善用时髦的网络工具，如手机、邮件、即时聊天工具，这些"只要是朋友"都能发讯息过去的社交管道，无论是任何人都无伤大雅，不在眼前，进可攻退可守，一点都不尴尬。很多朋友可以这么做，很多同事可以这么做，当然，你也可以这么做。

当我们意识到喜欢上一个人的时候，很容易不知不觉地"做贼心虚"。"我这样做，他会不会觉得我很黏？""万一他不喜欢我怎么办？"各式各样的疑问、紧张和焦虑，往往在你还没采取行动前，就塞满你的脑袋，刺激你的肾上腺。结果，原本没什么的一个举动，一通电话，一个邀约，常常要考虑再三，反复思量，甚至还劳师动众，问起姐妹淘的意见：我这样做，到底妥不妥？会不会吓到他？

为了回答这个问题，我首先采访了离我最近的男性：丹尼尔。打从他中年以后（是的，你没看错，不是成年以后，因为他年轻时走忧郁孤僻路线），我问他："女生对你主动，会影响你要不要跟她在一起吗？"

答案是：不会。

丹尼尔属于爱憎分明的男人，他很清楚自己喜欢什么，不喜欢什么，他说："不喜欢的女生对我主动，我会逃得更快。"

如何辨别你喜欢的男人，是"主动积极爱憎分明"的这一款，还是"被动消极爱憎不分明"的那一款？调查一下他过去的情史，看看他怎么交女朋友的，你心中大概就略知一二了。

我认识的学长J，便是"爱憎不分明"的男人。这位学长很绝，从少年到中年，交的女朋友全是"自来式"。简单说，他没追过女生，也不知道怎么追，他的女朋友，全都是对方主动来的，或兄弟们推波助澜猛敲边鼓，帮他送来的。

要是男人听到这种案例，可能会说："哦！怎么这么好？"不用追就有女友，而且我见过的，女孩子个个条件不差，有聪颖能干的，也有脸正甜美的，还有性感热辣的……没有一个是差劲的恐龙妹。说真的，连我是女人都会嫉妒学长的桃花运，这样谈恋爱太轻松，太好命了吧。

我承认，学长J本人很有"资本"，他人高貌俊，光是外表就占了很大的优势，也是他为什么不必流血流汗，就有"自来女友"可以交往的原因。

如果你刚好喜欢上这款男人，你发现，他从没有一个女友是他主动追来的，除了赞叹他行情好以外，你也得洞烛先机，加紧脚步。因为，能不能让他变成你的囊中物，完全就要看你手脚够不够快！

或许有的女人会说，为什么我要这么委屈自己去追求他？我条件也不差啊。话是没错，纵然你条件再好，每天示爱电话接不完，但如果里头没有一个是你看得上眼动得了心的，那追求者再多有什么用呢？

女人真正需要的，其实和男人差不多，有的时候很简单，就是一个你想扑上去的对象而已。只是碍于我们的社会价值观，淑女都要很矜持地表示："个性最重要""我们很谈得来，他是我的精神伴侣""他对我和我的家人朋友都很好"……好啦，我们没有否认以上都是对的，但要发展到这个地步，还有个前提，那就是——当你跟他独处的时候，你想剥光他的衣服！

回到主题，既然眼前就有一个你想扑上去的对象，那他又不介意是你先来，还是他过去，你何不就主动一点，往前进多一点？你可以邀他陪你去看一场电影，因为"朋友都看过了，但我真的很想看"；也可以请他陪你去买东西（看他的专长，买计算机或提升相关设备是最好借口）；甚至请他做你的男伴，陪你去吃喜酒（说，我跟新娘共同的朋友比较少，我怕我一个人去会很无聊）……理由我都帮你想好了，就看你有没有本事使用。

要是他都没拒绝，和你在一起的反应也不冷淡，恭喜你，要让他变成你的男人，概率是越来越高了。

不过，恋爱之所以棘手，那就是还有一款男人，他不见得是"爱憎不分明"，而是"爱面子又怕失败"。

这款男人很挑嘴,自身条件不见得有多好,但是有独到的品味,主观意识也很强烈。一开始你很难辨识出他们,因为过往的爱情经验,有他主动追求的,也有"自来式"的,有的甚至因为太挑,到现在年纪一把了,还没交过认真的女友。

因为长期单身,常被人误会,认为他不想结婚。其实不是,他们只是比较挑,看得上的人家不喜欢他,喜欢他的他又看不上。"宁缺毋滥"是阻挠他们恋爱成功最大的绊脚石,他们内心想,宁可幻想和女神恋爱,也不和平凡的女人做爱。

如果你喜欢上这款男人,你正面临着巨大的挑战。他不见得不喜欢你,但由于他"爱面子又怕失败"的该死个性,他始终无法对你表白。"万一她只把我当朋友,那岂不是很糗?""或许她没有我想象中的那么喜欢我?"……这类婆婆妈妈的疑虑,他想得比你还多。偏不巧,你又是那种活泼开朗四海皆友的大方女人,更加深他认为"你对他没有特殊兴趣,你只是善良才会常常跟他出去"。

于是,你会发现,你和他,就一直处于"他约你你会答应""你约他他也会答应"的暧昧状态。他看你的眼神充满了关爱,对你的态度温柔可亲,他没有老婆,没有女友,但他就是什么都没表示,最多过马路的时候拉一下你的衣角(还不见得是牵手),你流泪的时候摸摸你的头,递给你卫生纸……然后,就这样而已,他没有吻你,没有抱你,没有说喜欢你,也没有要你做他女朋友。你迷惘了,千百次你想问他:"你到底想怎样!"

"爱面子"的男人很有把人逼疯的本事,如果你不开口,不主动,他可以就这样跟你耗上个数把月甚至一年半载,直到你筋疲力尽,愤而离去(或接受另一个主动男人的追求),他还会悲情地自我安慰:

"果然，她只把我当朋友。"你说这种男人气不气人！

我在学生时代就曾和"爱面子"的男人交过手，比较不幸的是他行情相当好，除了跟我约会，他也同时跟两三个女孩出去（且我们还彼此认识哦），相当君子的他，并不会趁机占人便宜，但也就因为如此，游戏数个月后，我对他仍是雾里看花。

年轻的我也相当"爱面子"，总觉得牵手、表白，这是男人才能做的事。结果，就在我犹豫不决的那段期间，他接受了某个女孩的表白！（据说，这已经是一个夏天内的第三次表白，真是夸张。）

这件事令我耿耿于怀，我曾想过，他拒绝了前两次表白时，是不是也在等我开口呢？也或者我一直没发现他的心思，以至于他认为其他人很明显地都比我喜欢他，他才接受了第三个女孩。当然，我们痛恨"爱面子男人"的懦弱，但此时此刻，就已经爱上了，还有什么办法！

如果你想改变局面，也几乎有七八成的把握他很喜欢你（视他跟你耗的时间长度），你不妨就采取实质的肢体行动来测试他。比如在某一次约会的适当情境下，把头或者是手，轻轻地靠在他身体的某部位（肩膀或背后都可以啦），如果他没有躲开（运气好一点他可能终于鼓起勇气响应），恭喜你，你顺利攻顶了！

万一不幸，你的判断错误，他冷淡无热烈响应，那你就帮自己找个台阶下："我现在只是很需要有人借我靠一下。"之后，要看他的反应来决定是继续跟他花时间搞这没营养的暧昧，还是转身离去，下一站幸福会更好，你自己也有个谱了。

女人对男人主动，最害怕的莫过于被视为"倒贴"。

在爱情里比较成熟的人，无论是男是女，都绝对明白，"主动"

和"倒贴"是不同的两个层次。"主动"是建立在郎有意妹有情,双方都认同彼此,差别只在谁启动发球权。真正喜欢你的男人,无论是暧昧前还是确认后,他都会感谢你的"主动",也不会贱嘴去跟兄弟讲:"我女友是她倒贴给我的。"

"倒贴"则是男人并没有那么喜欢女人,她甚至也清楚这一点,但她就是爱上了,非把他变成自己的男友不可,无论她是他的同居女友,还是某个小池塘里的女友,那都没关系。总之他不找她,她会找他,他对她生气,不接她电话,种种爱情里的不平等,她压根儿不敢跟他抗议,只因为她是"倒贴"的。

如果非不得已,谁想在爱情里委曲求全?谁不想要谈个你情我愿、激情澎湃的恋爱?谁"主动"开启这扇门,只不过是开始爱情的一种方式,就像相亲或许也能遇到真爱,只要结果是好的,又何必计较是谁先去拿钥匙?

能够存活下来的爱情,必然是真心喜欢的。如果他就是不喜欢你,那么你有多主动也是徒然。换句话说,如果他真的喜欢你,只是他比你还害羞,还像个涩女郎一样裹足不前,那你走过去一点儿,给他多一点儿暗示。行不通就用明示吧,男人有时笨得超乎想象,又有什么关系?

附带一句,当年,我爱上的那个"爱面子男人",最后还是跟我在一起了,虽然过程有些曲折,我也不觉得自己是胜利者,但最终我能给自己那段不清不楚的暧昧一个清楚的交代。从那以后,我暗下决心,如果真的喜欢上一个人,说什么也要设法让他知道。

与其保全自己的面子而痛失最爱,不如放胆一搏把握当下。

女人最想要听的话

> 女人是情绪性动物,感性神经往往跑得比理性神经快;
> 想让女人开心(她开心,你就开心),要先安抚她的感性,再照顾她的理性;
> 有时候重点不在于男人到底真的"做"了什么,而是你"说"了什么。

再爱美的女人,明知其不可为,还是有吃消夜的欲望。

尤其是怀孕中的女人。

怀孕期间,身体的肠蠕动变缓,女人吃进去的任何包子面条馒头米饭,都比平常加倍吸收,换句话说,以前怎么样也吃不胖的人,一旦肚子里长了只小魔怪,没特别吃什么也会慢慢变胖。

我尤其是那种太过好命从不害喜的孕妇,怀孕两次,书上和别人说的那种有事没事就感到恶心要冲去厕所吐的经历,我是一次也没有。而且我的胃口还好得出奇,和丹尼尔去吃饭,都吃完一碗牛丼了,我还问他:"你饱了吗?""饱了啊。""怎么办?可是我觉得我还可以再吃耶!"这就是怀孕的我。

话说这次怀老二，孕期大约第二个月的时候，我一样是没害喜的大胃王。某个周末，我去超市买菜顺便买了一份炸薯条，边吃薯条边做菜；晚饭后，牵着女儿米米去家附近散步，又外带了一杯冬瓜茶和一小份卤味回家。当我正喜滋滋地坐在沙发上，要开始享受我的消夜时，丹尼尔冷不防地来了一句：

"你不觉得你今天有点太夸张了吗？"

我愣了一下，转头看到他那张幸灾乐祸的脸，当下我再也无心享用眼前热腾腾的脆肠和豆干，火气从肚中直冲了上来，我把筷子一丢，什么话也没说地离开了客厅。

过了几分钟，我洗完澡出来，丹尼尔才意识到我有些不对劲儿，还若无其事问："老婆，你在生气吗？"

此时，我再也按捺不住压抑已久的情绪，整个人像火山爆发似的吼出来："你们男人就只出一颗精子（事实是无数颗，而只能成功一颗），生小孩你做了什么？要胖要痛都是我，你以为我喜欢变胖穿不下自己的裤子吗？你以为我喜欢圆嘟嘟地走路像企鹅吗？对，你中年人还懂得控制身材控制口欲了不起啦！离我这胖孕妇远一点！"

我愤怒地使出单手的力量，把比我高20厘米的他从眼前推开，然后就气冲冲地回房去上网。丹尼尔眼看苗头不对，吓得什么也不敢回嘴，拿了钥匙出门去，先让老婆大人独处安静消火再说。

坦白说，我是那种几乎不曾对男人大声的女人，无论是当女友，还是当老婆，我从来不用吵架来沟通。一是我觉得吼叫有失女人的优雅态度，二是我觉得生气时口不择言，也无法达成沟通的效果。如果真的不爽，我顶多就是走开或沉默，冷战一段时间，等心平气和的时候再说。结婚六年，我大怒的次数数都数得出来，这一次，丹尼尔确实感受到，老婆真的生气了。

简单说，他就是说错话，在一个无法减肥的孕妇面前（更何况我怀的还是他的孩子），嘲讽她日益走样的身材和无法控制的食欲，这不是踩到孕妇的地雷是什么！

隔了几天去蔡导公司开编剧会，制作人小惠也是蔡太太，和我同时怀上了虎宝宝，听了丹尼尔说错话的故事，马上递来一座金钟奖给我（该公司的金钟奖像不值钱的花瓶堆成一堆放在茶几上）："借你去K他！"

有的时候，男人真的蠢得超乎女人的想象，他绝对爱你，也绝对不想故意惹你生气，（你生气他有什么好处？）但是他就是不知道怎么控制自己的嘴，不知道女人真正想要听的话到底是什么。

弄巧成拙的结果，幽默成了讽刺，真心成了无情。

拿我朋友的例子来说。

男人正在追一个女生，他和我一样中年，但女生是还很精力旺盛的二十来岁。某晚，女生打扮得漂漂亮亮的，要出门去玩，男人则在一天的辛劳工作后，累到接近昏迷程度，此时，女生突然来一句："我当你女朋友好不好？"（男人们要注意：任何时候都有随堂考！）

男人就在意识不清的状况下回了一句：

"等你心里没有其他男人再说好了。"（因为他知道女生刚和男友分手。）

结果？结果是女生气得夺门而出，男人还搞不懂他到底说错了什么。

后来，我告诫这位兄弟，一开始，你就不该让她出门。

我并不是要他强势地阻止她去玩哦，比方说："我不希望你去"跟"如果没有你在旁边，我会睡不着"，这两句话，想要达到的是同样的结果，但出口后却有相当不同的效果。

我交往过的某男友，控制欲很强，曾经阻止我和高中就熟识的一群兄弟姐妹们去八仙水上乐园玩耍，他的理由是："我不希望看到你在别的男生面前穿泳装。"

这种理由对我来说，真的一点说服力都没有，我直接怼回去："你还不认识我的时候，我就在他们面前穿过泳装了，根本没什么好看的，更何况，去八仙不穿泳装要穿什么？"

我前男友的台词，也可被视为说错话的一种。一般女人，就算你自认不是大女人，听了这种话，多半也不会觉得多高兴。对，你男朋友是很在乎你，但是他在乎你，控制你，不代表他就会对你专情忠心。我们都听过，很多控制欲强的男人，根本就是"只许州官放火，不许百姓点灯"，他可以的你不行，只因为你是他的"东西"，而他不是你的"东西"。

那么女人真正想要听的话，到底是什么？

就拿去八仙乐园这件事来说，男人如果撒娇地说："你和你的哥们儿去，那我可以去吗？""你难道不想要我在旁边，帮你拿浴巾跟买饮料吗？"

我相信，再怎么有自我意识的女人，也都觉得男友很可爱。

我在这里，顺便提出一些女友的难题、男人说错话的范例和建议的标准答案，给大家参考看看：

Q1 女问：你以前的女朋友漂亮吗？

男答：还可以啦。有人说她长得像贾静雯。（你这样讲真的死定了。）

标准答案：宝贝，你是我交过的最漂亮的女朋友！以前的那些怎么能跟你比！

Q2 女问：你觉得林志玲／隋棠／张钧宁漂亮吗？

男答：她就身材不错啊，脸还好啦。／腿蛮长的。／我觉得她气质还不错。

标准答案：漂亮？开什么玩笑？怎么可能有你漂亮！／腿那么长又不能当饭吃！／那个气质跟你比差太多了啦。（越是违心之论，女人听起来越爽。）

Q3 女问：你会想结婚吗？

男答：再看看吧，现在没钱，什么都那么贵……（结婚怎能用钱来衡量？那我们之间的爱算什么？没钱不能是借口！）

标准答案：会啊，只要我有能力买得起一栋你想要的房子（天晓得你哪天赚得到，你女友也未必真想要房子），你觉得呢？以后你想住哪里？（趁机赶快转移话题。）

Q4 女问：我想，还是不要花这么多钱好了（结婚，买钻戒，拍婚纱，请客等）……

男答：嗯，也好，真的花蛮多的（你说她花蛮多的？吼，有你看的了）。

标准答案：我的钱都是你的，你高兴就好，把我户头里的钱花完也没关系（有良心的女人听到这句都会产生怜悯之心，更厉害的是再来补后面这句）。对了，你要不要我帮你办张我的附卡？（不用怕，等你这样讲完后，她马上会把那些花多的部分自行吸收或是放弃，如果她是真爱你的话。）

为了平衡报道，我也来公开一段肉麻的往事，代表我家的丹尼尔，也是有说"对"话的时候。

前年夏天，丹尼尔意外受伤，脚打石膏六周才能拆，我过着有如"单亲妈妈"的生活。一个人接送女儿来回保姆家，我家是四楼公寓，所以我每天得一手提着两公斤的计算机，另一手抱着11公斤的两岁女儿上下四层楼。一个人准备晚餐，甚至先预备隔日的午餐在冰箱里，因为光是下四层楼去吃个水饺，也足以让拄拐杖的他汗流浃背。

还有，一个人扫地、拖地、洗衣、晒衣、洗厕所、倒垃圾，连来个快递或挂号信，也得要我去拿。

当然这些事都还不包括我本来就很忙碌的工作，那阵子我刚写完《痞子英雄》电视剧剧本，在写一本董事长传记，采访行程排得很满。两个人做的家事变成一个人负担，我每天都累到说不出话来，感觉上没受伤的人比受伤的人更受罪。

某日，我瘫在沙发里，忍不住抱怨了几句。

凯莉：我好累哦……每天都累死了……累死了……

丹尼尔：老婆太辛苦了。

（切记，无论你的女人抱怨什么，抱怨工作，抱怨上司，你第一句话就先说"你太辛苦了"就对了，她抱怨给你听，不是来听说教的。）

凯莉：嗯……

丹尼尔：你要不要喝咖啡？我煮给你喝……

（不要问她为什么累，哪里累，你随便说一个"让我为你做些什么吧"，女人马上就心软了。）

凯莉：你还要去煮咖啡？太麻烦了吧，你不是只有一只脚可以站？（看吧，马上就心软了。）

丹尼尔：那有什么关系，为了你……（后面肉麻省略。）

结果呢？你们以为丹尼尔真的用一只脚站在厨房里帮我煮咖啡了吗？当然没有，我是那么狠心的妻子吗？这段对话的尾声是，我站起来，拖着疲累的身躯，打开冰箱，倒了一杯青草茶（这青草茶还是我自己煮的），又倒好一杯，端到客厅去给断腿的丹尼尔。

看到没有，女人就是这么好说话。因为女人是情绪性动物，感性神经往往跑得比理性神经快；想让女人开心（她开心，你就开心），要先安抚她的感性，再照顾她的理性；有时候重点不在于男人到底真的"做"了什么，而是你"说"了什么。

想做轻松恋爱的男人，学着点吧！

"应该"和"不应该"

> 爱情里头好像有很多的"不应该",问题是,人人知道不应该的理论,实务上操作起来却很困难。如果我们都能够谈"应该"的恋爱,那这世上哪来这么多"不应该"的烦恼?

最近,有个男生留言给我,说他喜欢上一个女生,但身边的人都劝他放弃,理由是那女生太耀眼了,像她这样的女生不乏追求者,要跟她在一起很辛苦,可能竹篮打水一场空。

关于美女的原罪和恋爱,以前我写过很多。这里想讨论的是,在爱情里面,真的有"应该"和"不应该"这回事吗?

我记得大学时代,系上有个很漂亮的女生,一个成绩好又有礼貌的男生在追她,但听说她喜欢的是另一个态度暧昧不明的放浪男。全系的人都在说,她"应该"跟那个乖巧男在一起,"不应该"再花时间跟放浪男纠缠。结果,拖过了一个学期,女生等到心灰意冷,最终接受了乖巧男的追求,成为系上的金童玉女。

到了大三,因为某个缘故,我办了一个活动,有机会和那个乖巧男接触。深入认识之后,我发现这位文质彬彬的乖巧男,其实是个无耻又虚伪的烂仔。当下我突然明白,表面看起来的好不见得是真的好,别人认为的坏不一定是真的坏。

我曾经交过一个男友,他是同学们口中有名的NG男(指拥有自己不能接受的某种特质的男人),他的NG事件不只系上有名,还远播到外系去。因为他和某前女友常在公开场合吵大架,严重时还互动手脚,如果那年代有《水果日报》或是《Gossip girl》这种传播媒体,他俩的事迹绝对会是每日头条。可想而知,像我这样在系上表现平凡,不至于特立独行的"正常人",竟然会跟这位NG男在一起,简直是跌破了众人的眼镜。

我当时承受的压力和舆论眼光,绝不亚于日日被流言困扰的艺人,系上的人都觉得我头壳坏去,"不应该"和这位声名狼藉的人交往。同学们抱着看好戏的心态我明了,有人比较大胆还跑来问我:"你跟他打过架没有?"

我又好气又好笑地回答:"你看我是会跟人打架的人吗?"

她很疑惑:"应该是不会……可是他那个人……"

"什么人遇到什么人,就会谈什么样的恋爱,他和她(前女友)谈恋爱是那种不吵架不打架就不爽快的模式,但未必他和我在一起也是这种模式啊。"我说。

我认为,爱情里的真相,只有那两个人才知道。

有些组合就是欢喜冤家,爱得要死但吵起架来震天动地,有些组合则是相敬如宾,难得吵几次架连话都说得很少。有些组合是在外面女强男弱,女生好像很厉害掌控全局,回到家或上了床却是男强女弱,其实男人才是国王,女朋友超级听话。或者,到底是她先当了劈腿王,所以他才控制欲那么强,还是他惯性说谎老找人搞暧昧,所以她才变得神经兮兮，这爱情里的"真相"，只有当事人才知道。

无论你是他多亲密、多好的朋友，我们终究都只能知道一部分，而不可能知道全面性的真相，因为，人都是挑对自己有利的话说。

回到爱情里的"应该"和"不应该"。仔细想想，所谓的"应该"和"不应该"，都是社会建构出来的观念。

观念，就是一种看法，你换个角度看，事情可能就会不一样。

我们不应该爱上坏男人、风流鬼，不应该喜欢年纪差距太大的人，不应该喜欢自己的老师，不应该喜欢有男／女朋友的人，不应该跟已婚的人约会，不应该再和已经分手的人联络……爱情里头好像有很多的"不应该"，问题是，人人知道不应该的理论，实务上操作起来却很困难。如果我们都能够谈"应该"的恋爱，那这世上哪来这么多"不应该"的烦恼？

就因为人喜欢一个人，是无法用"应该"和"不应该"这样的理性来控制的，所以才会有这么多烦恼啊。

我并没有要鼓吹大家去谈"不应该"的恋爱，相反地，我想提出的是，"应该"和"不应该"只是爱情的表象，而不能等于爱情的本质。也就是说，如果是真爱的话，终究会通过这些表象的障碍，最后还是会以正常健康的关系来维系。

如果你现在正处在一段所谓"不应该"的禁忌之恋，你最好要先理清，你真的喜欢的，是他这个人，还是"不应该"的偷偷摸摸关系？对方喜欢的，是你，还是这"不应该"的快感？你们之间的关系，是否会伤害某人？这样的伤害，真的是你愿意承担的吗？你认为，他真的值得让你这样牺牲？或者你迟迟不放手，其实只是不甘心？

好好把这些问题想一遍，你不需要我的答案，因为你自己就有答案。

至于，其他比较幸运的人，如果以上的烦恼你都没有，那我请问你，你还在犹豫什么？

要不就鼓足勇气往前冲，要不就停止思念转身离开。要是后者做起来比较困难，那就试试前者吧。反正挑一个安全理想的对象去谈恋爱，可能也会遍体鳞伤，那为何不去试试那个你真的想要的，你真正喜欢的。至少，失败的时候，你可以安慰自己，我已经试过了。

恋爱从来不附保证书，没有任何单位和任何人能保证你谈恋爱能幸福愉快，不会痛苦，不会受伤。恋爱比考试更具风险，你念了多少书，补了多少习，拿了多少检定，都有可能让你下一次考得更好，但是恋爱不同。谈恋爱比较多次、比较多年的人，未必比没什么经验的人更懂得谈恋爱，更知道如何取悦深爱的人。正因为爱情里永远充满冒险，我们才会那么喜欢恋爱。

与其安全平稳，不如跌跌撞撞。

任何一件事，我们都是从不会开始学，然后经过反复的练习，错误，修正，直到熟练和学会。没有人天生就很会谈恋爱，天生就看得出谁好谁坏，天生就知道谁适合自己。承认自己的爱情坑坑疤疤并不可耻，重要的是，当你每天醒来看见他，你永远知道，你为什么和他在一起，你为什么喜欢他。

我们真的要烦恼的，不是应该或不应该的问题，而是如何让自己喜欢的人，也能喜欢上自己，如何让自己深爱的人，也能深爱自己一辈子。

至于别人的看法？管他呢。

可以接吻，但不想做女朋友

> 女人在没男朋友的时候，也会想跟一个雄性动物一样，吃饭约会牵手接吻上床，差别只在，她实在是不好意思承认：我只想跟他约会，但我不想当他的女朋友。

与其说这篇文章是来帮男人"平反"的，不如说这是血淋淋的女人之真心话。

我不怕被女人骂，也不认为这种观点是"女人何苦为难女人"。

我在这里想提出的是，我们常会落入一个陷阱，也就是这个社会男女不平等的陷阱。一个男人如果被人发现，他只想跟女生吃饭约会牵手接吻上床，没打算跟她在一起，肯定会被当成过街老鼠，人人喊打。

比方说，我有个朋友 A，是赫赫有名的大情圣，走到哪里泡到哪里，每次他爱上了某人，就会发出感人肺腑的宣言：

"她是我一生一次的真爱！"第一次听到的人会觉得很感动，但如果你像我一样已经听了十年以上，真的不能怪我演不出任何一点感动的表情来回应他的真爱宣言。

我曾经想展现身为兄弟的同胞爱，认真地相信他这次是真爱，相信他真心真意要定下来，却在我正打算要好好认识他的真爱时，他们就分手了。

我错愕地问我们另一个兄弟 B，他这次不是来真的吗？

B 缓缓地吐了一口烟，面无表情地回答我：

"我告诉你吧，如果他有说她是他的真爱，那代表她算得上他的女朋友。如果他连真爱都没说，那代表她只能算是他的玩友（玩一夜情的那类）！"

以上，是很常见的例子，也是我们在网络上，在书籍上，常见的两性文章里，都可以看到的论点。

"那男人是个浑球！""你不是不够好，是他配不上你。""他为什么不敢告诉别人你是他的女朋友？"诸如此类。

关于这类问题，我诚心推荐大家去看电影《他其实没那么喜欢你》，里头有所有的解答，解答就是：女人真的很善良，有时太爱自我安慰，也太会安慰别的女人。

不过，这不是本文的重点，今天我想来探讨，如果"他其实没那么喜欢你"发生在女人身上，那会是怎样？

大家都忘了一个很重要的事实，那就是女人也有生理需求，女人看到"他就是我的菜"那一型的男人，也会想尽办法去接近他。女人在没男朋友的时候，也会想跟一个雄性动物一样，吃饭约会牵手接吻上床，差别只在，她实在是不好意思承认：我只想跟他约会，但我不想当他的女朋友。

这个事实，有那么值得被谴责吗？

我想先叙述一种大家都会遇到的状况，就是刚失恋或刚分手后，还处于一个忘不了前朝旧爱（或被劈腿还在不甘心）的状态。这种状态，并没健康到可以开始一段全新的关系，看遍街上和系上（或办公室里）的男人，失恋女人心里常冒出一个要命的想法：该死！我还是觉得那个浑球最帅！

这真实的想法，就像挥之不去的鬼魅萦绕心头，她没有勇气向任何一个姐妹淘承认她还在喜欢那个王八蛋，因为这种真心话一旦出口，十个姐妹里有九个会骂她是笨蛋，她也知道自己很蠢，但她更没有办法忍受不比她聪明的女生来说她蠢。

世界上没有任何一人会想被认为是笨蛋，偏偏媒体上的言论、文章，甚至戏剧，都常用一种不舒服的角度在提醒我们像个笨蛋。

于是，失恋女人第一件会做的事，就是否认，否认她还在思念那个浑球。

接着，为了让自己快速摆脱鬼魅，最好的方法就是赶快去交新的。

是嘛，这所有的爱情文章，不都在提醒我们，下一个会更好吗？

如果这时候，就刚刚好，有哪一个条件不输前男友的可口男人出现，那真的是太幸运了，还犹豫什么？扑上去就是了。

问题是，可口男人的数量本来就很少，他们不是别人的就是不喜欢我，身边那些有空的（available，是的，这个单词就是这样用），往往都不那么可口。

他可能长得也不差，只是他吃饭的样子实在不优雅；他说不定还蛮会赚钱的，可惜你觉得他挑鞋子的品味有问题；他其实对你很体贴，问题是你担心他有点太黏……

总而言之，他就是有那一点微小的微妙的缺点，让你不是那么想当他的女朋友。

若问你几个问题,你的答案可能很令人意外。

你想跟他出去吗?不排斥啊,跟他在一起还蛮愉快的。

你可以让他抱你吗?

嗯……他不是我的菜,不过他也有可爱的地方,还可以啦。

你能想象跟他接吻或上床吗?

看状况,毕竟我也好一段时间没男人了,要是气氛环境都对,可以考虑。

那,如果他问你可不可以当他的女朋友?

会吗?(开始紧张)他有那么喜欢我吗?呃……再说吧,我还没想到那么远。Well……我刚分手还没办法喜欢上别人哦。

真心话只有一句,你不想跟他在一起。

可是,你羞于向外人承认这一点,尤其是跟你的那些姐妹淘承认你现在在约会的对象,你只打算把他当玩友,不打算把他当男朋友。

最后,你和他会分手,你看到更喜欢的(倒不见得条件比他好),你会快速地甩掉他,飞扑向那个你真的喜欢的。

日后,你或许不会把他计算入"我曾交过的男朋友数量",你或许在心里默默感谢这个好心人陪你打发过一段失恋后的时光,但若他向外大肆宣扬他曾经跟你在一起,你说不定还会有点恼怒。

这时候,我们实在不知道该怨恨还是该感谢,美国人(或西方人?)有着一种体贴的制度,那就叫做"date"(约会对象)。

date 的定义非常广泛,从你跟他只吃过一次饭,约会后气氛好不小心接了个吻,甚至到再不小心一点喝多了上了个床,这都可以称为 date。

他不见得会告诉别人他有女朋友，最多，你或他可能会说："I am seeing someone special."（我有跟某个特定的人约会。）

但大家都处于一种进可攻退可守的状态，苗头不对，随时好聚好散，或拔腿就跑。

你跟他的朋友出去，或以他的女伴身份参加聚会，他会介绍你："这是我朋友，Alice。"

仅止于此，你不需要再多问，也没必要生气，如果你暗自埋怨他为什么不介绍你是他的女朋友，我得说，不上道的人是你，小姐。

相反地，Girl friend 的定义就非常狭隘了。

如果他打算把你当成女朋友，他会认真地问你，周末要不要跟他回家见父母。但到这时候你都还算是他的 date，如果你把自己当成"女朋友"在他家摸东摸西问东问西的，那可能这次聚会后，你就还只是个 date。

所谓的女朋友，是他把你视为他人生中不可或缺的一部分。你是他的女朋友，这代表你或他都不可以再跟别人约会，他家族里的重要聚会婚丧喜庆，你都应该要在场或帮忙，他是认真地在看待并经营这段关系，而你也必须拿出对等的态度来响应。

简单说，date 是一种不必负责任的关系，Girl friend 则是一种负责任且类似于家族成员的关系。

我并不会觉得人一生中有几个约会对象有什么不好。

毕竟，人是通过交往，才有可能真的认识对方。如果不交往，你怎么知道你跟这个人会不会合？

但是，一开始就要彼此承诺男女朋友的关系，那也未必太冒险。

要成为男女朋友的关系，考虑的层面有很多。

你可能跟他在床上很合，但跟他现实生活里没话题，所以你了解他不能当你的男朋友，玩友只是暂时，男朋友才是长久。

我们真的会遭遇的困难是，当一对男女开始一段关系的时候，他和她，是否了解彼此想走的是同一条路？

最常见的痛苦，就像，她只想把他当成排遣寂寞的 date，但他想把她当成女朋友。

或，他喜欢她，但还没到爱的程度，他没冲动要娶她回家，她却气他不给她结婚承诺。

怎么解决？问清楚就是了。

你去打工去上班都会问清楚对方要付多少薪水你才开始做，跟一个人交往要花掉这么多时间，又怎么可以不问清楚？

你想跟我在一起吗？

你有打算跟我结婚吗？

如果第一时间他给不出你想要的答案，那，答案已经很明显了。

我们不需要憎恨那个跟我们不同路的人。

即使两人都认清彼此只想在一起消磨一段时间，如果遇上更喜欢的，就挥挥手道别，这种不深刻的关系也没什么好谴责的。

人生就这么短暂，能够有一段时间相处，分享一点快乐，这还是值得纪念的。

最重要的是，我们有没有勇气说出，或让对方说出心里的真心话：

我们可以接吻，但我不想当你的女朋友。

了解真实比爱更重要

> 一个好伴侣，不是拼命对对方好，给对方爱，而是能让对方在你面前轻松地说出他的真心话，表达出他最真实的一面。

在感情中，你有一段不算坏也不算好的关系，他没有打算跟你分手，但他没有非要你不可，他知道你想结婚，但他却迟迟没有跟你求婚。

你的她从不劈腿，从不说谎，从不故意做让你生气的事，你以为你们会一辈子，她却说继续下去没有意义，你以为她爱上别人，她却说她只是想要一个人。

你不懂，你们的关系出了什么问题？你每天睁开眼睛，面对着镜子，你告诉自己：我很好，我有个伴，我喜欢他，他应该也喜欢我，我们没有要分开，只是，我不是很清楚，为什么有没有我他都没关系？

你回顾过去的爱情，仿佛关系进入稳定期，少了热恋，少了冲动，你就变得不知所措。你从来就不懂，为什么跟你在一起一段时间的人，终究还是离开你；你不懂，为什么不打算结婚的前男友，现在却喜滋滋地娶了别人，要命的是他老婆的条件样样都输你；你不知道，为何那个家伙没钱没能力，他的女朋友却对他死心塌地。

你一直在爱情里流浪，你不烦恼交不到男友，你潇洒地解释不婚，因为人到中年已经没有非嫁不可的男人。你不敢承认你曾经以为，你会比那些个性比你糟的女生更快成为某太太，你之所以到现在单身，是因为条件太好没人敢追，或那些男人就是不懂得欣赏你，你太好，他们不敢承诺你。

在你内心最暗最私密的角落，你知道，以上，通通不是真的。

在爱情里，我们很容易会有一种盲点：

我这么好，为什么他不来爱我？

我对他好，为什么他不珍惜？

可能你会说，我是个好女人，为什么好女人没有好男人来陪？

请容我说一句难听的真话给你听，你在爱情里可能犯了一种"自恋病"。

凡事以"我"为出发点，无论讲什么都是，我、我、我。我一定怎么样，我不会怎么样，我对他怎么样……

你没有看到，他，真的需要的是什么。

更基本的问题是，你从来就没有真正了解过对方。

你以为自己很懂他，其实你懂的只有你自己，你知道自己有多好，你却不知道他到底有多好；你尽可能地把自己的全部掏出来给他看，却不知道他并不需要百分之百的你；你以为男人都希望你把他当宇宙中心，但他可能只希望你好好做你自己。

更严重的问题是，他也从来没真正了解过你。

他以为接送你上下学、上下班、帮你付三餐钱，你就不会离开他，他可以辛苦工作存钱买车买房全用你名义，你却说他不懂你的灵魂，他根本就没有真正爱过你。

我常会想起名主持人赵树海大哥说过的一句话："优秀的主持人，不是拼命自己表现，而是引导来宾说话。"

看似无关，但我认为这是人际关系的万能法则。

就像，我们最喜欢的朋友，往往并不是那种一味在说自己事的人，而是那个可以认真听你在说什么的人。

一个好伴侣，不是拼命对对方好，给对方爱，而是能让对方在自己面前轻松地说出真心话，表达出最真实的一面。这真实的一面，或许很胆小，很自私，很脆弱，很自卑，甚至自己都不知道有这一面存在，也或许从不展露这一面给外人看，但却让对方看得到。

你知道，他之所以不带你见妈妈，是因为担心他妈不喜欢你；你知道，他其实不想那么拼命工作，只是为了满足你的欲望；你知道，他还有更想做的事，但是现实状况不容许他去追求理想。

他知道，你之所以不想结婚是因为父母失和让你没信心；他知道，你拼命工作也希望他奋发向上，是因为你对金钱超没安全感；他知道，你不要房也不要钱，只希望他看得懂你写的东西，欣赏你的选择，而且永远能够分享你最喜欢的那本书。

了解这些，并真正地站在对方的角度支持他，才可能成为那个无可取代的人。

你不需要让自己变得多好，也不需要伪装自己是个好女人，或是坏女人，你只需要让自己成为一面镜子，让他可以在你面前真实。你不需要费脑筋给他什么，最好的爱，其实不是"给"，而是"不需要给"。

我们可以跟任何一个人上床，但只有无可取代的人，才会让我们愿意给予承诺。

记住：聆听往往比付出更体贴，休息比约会更诱人，了解比爱更重要。

女人的闺中密友

> 闺中密友，对一个女人来说，就像是一面真正的镜子。
> 照得清楚的镜子，很真实，也很残酷。
> 她因为无法把自己真实与不堪的那一面摊给别人看，所以她无法面对一面清楚的镜子。

当你喜欢的女生没有闺中密友？我的建议是，离她远一点。如果你在被我泼了这桶冷水之后，还有勇气知道为什么的话，再往下看吧。

首先，让我们来定义一下，何谓闺中密友。

任何一个女生，从幼儿园小学中学高中大学这漫长的十几年求学历程里，应该会结交至少三到五位的"好朋友"，个性比较内向害羞的人，可能也至少有一到两位。

而所谓的密友，指的是，有关自己最隐私最不堪最难以启齿的小事件，都能够在对方面前坦露或是表白，因此"密友"的范畴又较"好朋友"来得更狭隘一点。

比方说，我爱上了一个有老婆的男人；比方说，我现在正脚踏两条船；比方说，我要去打掉孩子了……这种种无法搬上台面的小秘密，可以说给那个最了解自己的女生听，这就叫做闺中密友。

补充说明一下，在这里我为何不讨论男性，因为男性的"闺中密友"与同性好友差异不大。男人或者会有几个真的是很知心的兄弟，但是即使遇到再大的痛苦，男人也未必能够说出来。

通常排解痛苦的方式，只是一起喝喝酒，或是去冲冲浪，那种尽在不言中的表达，便是男性"闺中密友"之间的最高境界。

不过这不是本篇文章的重点，我意在提醒爱上没有闺中密友的女性，就如不小心踏入深井的旅人，这是一条冤枉路。没有闺中密友的女生，也就代表她无法以真诚的面貌面对任何人。

我们当然都会有无法以真面貌示人的时候，每个人都像一个水晶，我们会在不知不觉的状况下转变我们对人的姿态，对喜欢跟熟悉的人比较放松，对不喜欢跟不熟悉的人比较紧绷，这都是正常现象。但我们都有需要在某个人面前把最真实的那一面拿出来的时候。

比方说，你认真考虑要跟现任男友分手投向别人的怀抱，用普通话说这叫做劈腿，你明白这是不可取的行为，但感觉来了你也没办法，此时最能够聆听你真心话的人，非闺中密友莫属。

你的闺中密友不见得会站在你这边，或许她还先痛骂你一顿，但你很有自信她不会因为这事离开你或唾弃你，她毕竟是你最好的朋友。

回归到我们青春的时候（不好意思，可能有很多读者正青春），在班上，就是会有几个女生，神神秘秘的，没有谁跟她特别熟，但听说她好像有很多人追。她不见得特别讨人厌，但是她比较孤芳自赏，她会刻意与人保持距离，以免你发现她的真性情。

她的真性情是什么？就是她有一种癖好，她自己或许也没发现这叫做癖好，她只是在遇到异性的时候，就忍不住要放放电，好像大磁铁在搜集小磁铁一样，她走过的地方，都有男人会中奖。

小时候我们以为这种女生确实电力无穷，因为她就是长得比较清秀比较漂亮，或者她很有气质，身上有一种说不出的魅力。

长大了以后我们发现这种女生会令人伤脑筋，因为她到处漏电也就意味着她根本是个狐狸精，她只是需要不断搜集大家对她的喜欢，好填补她内心最最缺乏的安全感。

她可以伤人，但不能忍受人伤她。她的世界里头永远都在算计，她对男人算计，也对女人算计。她不见得是没人缘的那一型，事实上这类女生的高手，有时在同性或同学之间还有不错的评价。根本没人真的了解过她在想什么，做什么。

闺中密友，对一个女生来说，就像是一面真正的镜子。照得清楚的镜子，很真实，也很残酷。她因为无法把自己真实与不堪的那一面摊给别人看，所以她无法面对一面清楚的镜子。

喜欢上她的你或许要说，可是，她摊给我看了。那么，我得告诉你，给同性看的目的，与给异性看的目的是不一样的。前者是坦承，后者叫做勾引。

终究她不会把她的全部都展现给你看的，就像你永远搞不清楚她到底跟几个男人暧昧不清，她不会告诉你的。你也不是她的最终目的地，对她来说，爱情从来就不需要终点，爱情真正的乐趣在于收集。

最后我要重申，一个女生没有闺中密友，跟她是一个自恋狂或劈腿王或百人斩等，这两者并不是若 P 则 Q 的绝对逻辑。但是，如果你遇到一个女生，你觉得你很有希望，她应该喜欢你，但是你就是搞不懂,要怎样才能抓住她的心。

那你不妨把这个逻辑倒过来想,她有没有可以说真心话的闺中密友?

如果没有,你就自己看着办吧。

干妹妹、哥们儿、前女友

> 如果你的男友，刚好有一个干妹妹，或哥们儿（前女友如果不是太多不必烦恼），请拉高你的望远镜吧，但请注意一点，你真正要观察的对象，是你男友，而不是干妹妹。

有一次，看到一个谈话性节目（我家没有第四台，很久没看这类型节目），女主持人逼问某个女艺人，前阵子被拍到和身价与外貌兼具的男艺人约会，是怎么一回事？

"我们，就是哥们儿啊。"女艺人回答。

但就在她回答的那一瞬间，我本着一种无聊的女人直觉，在她那闪烁的眼神里读到了一个讯息：她对那个男人有意思。

于是乎，我就想到了这一个问题，假设"干妹妹"是男人用来掩护把妹（即泡妞）的代名词，"哥们儿"是掩护女人对男人有兴趣的替换语，那么，"干妹妹"跟"哥们儿"会不会其实比"前女友"更可怕？

本人从国中（初中）到高中，念了六年的纯女校，男生对我们来说，像是一种有点危险又有点遥远的动物。在那个时代的女校风气，交男朋友这件事之八卦程度,并不比哪个女明星攀上哪个小开来得低,也就是在这样保守的环境里,我第一次听到了"干妹妹"这样的名词。

"我有一个干哥,他是某某国中的。"某个女生炫耀般的宣言,在班上悄悄传开。坦白说,像我们这种个性或长相比较不可爱的,是很羡慕那种有"干哥"的女生。那种感觉有点奇妙,像是有个人在外头罩着你,你有事有麻烦都可以找他帮忙,他不只是你比较熟的异性,他还是一个"理论上"会保护你的哥哥。

以上,我猜。

因为我从来就没有过一个哥哥,无论是亲的还是干的,所以我只是想象有哥哥的感觉。从来没有人邀请我成为他的干妹,我也从来没主动提出想做某人的干妹,我一直想象着,会成为某人干妹的女生,一定是比较可爱,比较讨人喜欢的。

然而,对女友们来说:"干妹妹"又是什么呢?

"干妹妹"或许是一个有点暧昧的角色,也或许是一个会惹麻烦的人物,为什么?这就很像我们在安排戏剧的原理一样,当我们想要这场戏变好看,就必须把麻烦因子置入,也就是说,如果你男朋友的干妹妹从来不惹麻烦,那她是"干妹妹"或是"好朋友"并无太大差别。

但是,如果她是一个常惹麻烦的干妹妹,又是一个长相或身材会让你困扰的干妹妹,哦,那我们都已经想象得到你会遇到的状况了。"我干妹她正在哭,我要去看她一下。""我干妹她说她希望我可以陪她去。""这是我干妹要我帮她买的。"任何一个正常女友都应该吃醋却不应该生气的事件,只因为,那个女生是他的干妹妹。

我个人的主观意见是(强调是我个人,你们可以不认同):

与其说"干妹妹"是一种模拟于亲属关系的无血缘女生,不如说,这不过是男人潜意识里鬼祟想法"进可攻退可守"的一种托词。男人会认一个跟他一点关系也没有的女生当"干妹妹",心态绝对不是那么简单:"哦,我只是很想要照顾她。"

鬼扯,自己的妹妹都没在照顾了,还照顾别人家的妹妹,如果人家有哥有男友,还轮得到你来照顾?天底下绝对没有男人会傻到愿意帮别人照顾女友。"照顾"只不过是一种比"追求"好听一点的说法,可能因为这个女生现在有男友,或者她就是没那么喜欢他,或者他现在就有一个正牌女友如你占着茅坑,所以他只好把她变成他的"干妹妹",而且,对于正牌女友,总有一句好话可用:"你生气什么啊?她是我干妹妹啊。"

最好是啦。

以上讨论,主要是针对自己没事找事去认的干妹妹而言,如果是那种认干爹干妈而衍生出来的干系列之兄弟姐妹,不在此限。

"哥们儿"则是另一种议题了。如果你男友对你说:"哈?你说那个谁,她是我兄弟啊。"你倒不必太神经过敏,男人若不把女人当女人,那在他眼中无论她是 A 罩杯还是 D 罩杯都没有差异,因为他就是对她没兴趣,她不是他的菜。

不过,若那女生在外,是以"哥儿们"来称呼你男友的,甚至,在你面前公然地跟他称兄道弟,这女生有没有其他的意图,你要严加提防。

她是不是以一种"假兄弟"的面目,找机会亲近你男友,以一种"兄弟"的姿态,在他失意的时候陪他去喝酒,在他想逛你不想去的3C 卖场时陪他逛,更要命的是她还十项全能,可以陪你男友打球游泳上山下海，哦，那可不是闹着玩的。别忘了，她不是男人，她可是一个女人，货真价实的真女人。

而且，她是对你男友有兴趣的女人。哥们儿？那只是用来掩饰她暂时得不到他的一种借口。

如果她真是你男友的好朋友，真是你男友的好兄弟，重点，她毕竟还是一个敏感的女人，而不是缺神经的男人，她绝对不会想要引起你的误会，想要让你额外担心。任何一个善良的女人，都会真心祝福自己的好朋友（或兄弟）找到幸福。好友守则一：保持距离。

我个人（再次强调我个人）痛恨装男人的女人甚于装可爱的女人。装可爱装无辜的女人，还不算伪善，她们只是利用自己的可爱，来换取更多的好处和方便而已。但是装男人的女人，也就是那些成天说自己跟男人一样没神经，不知道这样做会触怒他女友，或说只是把他当哥们儿、自己也很像男人的这种女人，是最虚伪的。

重申一个我以前写过的论调，真正没神经的人从来就不会说自己没神经（就像真正是傻妞的女生不会说自己是傻妞），因为她们根本就不知道自己那种行为很傻，如果你说她糊涂，或没神经，她可能还会认真地跟你生气。

那些说自己傻，说自己没神经的人，往往都是最有心机、最会算计的人。

根据脑医学的脑波分布，同性恋者为天生。也就是说，异性恋世界里的男人和女人，男人就是男人，女人就是女人。

女人不会变成男人，也没有什么像男人的女人这种伪装，即使外表再怎么中性，举止再怎么帅气，她就是一个女人，你会有的纤细敏感观察力绝佳这些特质，她也都会有。你男友的"哥们儿"，这个女生，她所做的一切会使你不爽的举动，她比你还心知肚明。

最后，则是"前女友"。前女友是一个真正跟你男友在一起过的女性，你所理解的，你男人身上的好好坏坏，她大概也都领教过了，他们为什么会分开，她比你更清楚。俗话一句"吃不到的总是比较好"，对你和你男友来说，她反而可能是这世界上对你最没威胁性的女人。

不过，"前女友"不可以越界，不可以无限扩张。她不可以常常打电话给你男友，也不可以常常找你男友帮忙，她有她自己的，干吗还来抢别人的？有事她爸她哥她男友甚至她同事都可以帮忙，难道非要你男友不可？笑话。

有一种无聊女人，成天想证明，那个我用过的男人还是比较爱我，于是男人都变成别人的还不停地去招惹。我强烈建议这种女生先去做个心理治疗，了解自己心里到底有多大的洞需要修补。至于活该倒霉被沾到的后一任女友，也就是你，火速地拖着你男友，逃得越远越好。

这世界上，也有很多善良的"前女友"，并不打算跟"前男友"有太麻烦的牵扯，也希望"前男友"能找到良好归宿，获得幸福，她们不会是头痛人物，幸运的话，她们还可成为你的良师益友，听你诉苦跟碎碎念。毕竟，你没有哪个姐妹淘，比她更了解你男人的好好坏坏。

如果你的男友，刚好有一个干妹妹，或哥们儿（前女友如果不是太多，不必烦恼），请拉高你的望远镜吧，但请注意一点，你真正要观察的对象，是你男友，而不是干妹妹。

他和她的关系，还有他和你的关系，所谓关系的胜负，是他的态度和处理方式。

至于是干妹还是哥们儿，那不过是一种随时可以取消的名词而已。

情侣间的反话

> 女人的心思像小肠,弯弯曲曲又组成复杂。
> 男人的心思像直肠,构造简单又直来直去。

前几天在路上,看到一个妈妈牵着小孩,小孩在闹要吃什么,由此而生一个想法:说反话。

说反话的意思是什么呢?男女各举一例。

女人的例子:

男人对女人说:"这次你生日我送你一个 LV 包(或任何有价之礼物、大餐、旅行)吧,你不是想要很久了?"

女人回:"哎哟,干吗花那么多钱,生日只要你陪我就很好了啊。"

以上乃是反话。她真正的意思是:"天晓得你什么时候变得这么体贴!那我就不客气啦,呵呵。"

如果男人真的没买 LV,以为只要陪着她过生日的话,甚至不止 LV,连其他的蛋糕花束礼物什么都没准备,这男人不是老实过了头,就是没发现女人脸上失望的表情。

男人的例子:

一对男女正在吵架，面临要不要分手的危机。

男人对女人说："我只是想要给你多一点空间。"

这句话往往是反话。

他真正的意思是："黏人精，你管我管得够多了，我想要多一点空间！"

大人真的蛮麻烦的，明明心里想的不是那个意思，说出来的言语却变成了反话。

小孩子们是不会说反话的，想要、不想要，喜欢、不喜欢，他们总是很坦白地表述出来。

从什么时候开始，渐渐长大以后，因为不敢直接表达自己心里真正的情感，因为觉得直接表述想要跟不想要是鲁莽的，是任性的，因为希望喜欢的那个人能比自己想象中更了解自己，所以开始说反话。

或者，只是因为懦弱。

我常形容，女人的心思像小肠，弯弯曲曲又组成复杂。男人的心思像直肠，构造简单又直来直去。

以前我有个女主管，在欧洲出差的男朋友打电话来，要她马上买张机票（男友已经说了他出钱）飞过去陪他，她在电话里骂男朋友：

"你神经病哦！我一大堆事怎么可能去，我疯啰！"

她挂掉电话，脸上却是笑吟吟的，幸福满溢的样子，刚刚说的也是反话，她真正的意思是："我好想去哦，可惜我忙爆了！爱你耶！"

后来女主管是没去，因为她确实被工作家事缠身。我在想她男友这招真的很高，先不管女朋友有没有可能来，讲一个"不可能"的提议，却可以让女朋友高兴一星期。

很多女人强调，我要的只是一个"感觉"。就像高潮一样，这种感觉是很微妙又很难描述的，如果男人只用"爽"一个字来形容高潮，同样感受到的女人或许会觉得根本是在侮辱高潮。

这个"感觉"到底是什么？跟男人们想象中不同，女人所期待的，是一种比实际生活更模糊一点的东西，就像拍照时候用柔焦镜那样的感觉，很多东西你看得到，但看得没有那么清楚。

比方说，你的能力是可以负担一百元的生活，那么你可以试着告诉她："我愿意为你负担两百元的生活。"

这道理何在？

三百元有些不切实际，也太好高骛远，就像你明明是上班族月领三五万，却告诉她，你想送十几万的爱马仕给她，或是用她名字订一户三千万的豪宅，她只觉得你在唬烂她。

两百元比三百元更靠近你现在的能力一点，如果你再努力一点不是没有可能办到，所以这是"有可能"的目标。

最重要的是，她会为你的心意感动，她要的"感觉"，其实就是你承诺比现在"好一点"的生活。

这"好一点"未必是物质，也可能是你多花一点儿时间陪她，多花一点儿心力帮她去应付你爸妈，等等。一旦你开始这么做以后，女人就发现她不太需要说反话。

因为她知道你愿意承诺比现在多一点儿，她就比较勇敢说出自己心里真正的想法：

"我真的很想要为家里买一台车。""其实我很不喜欢跟你爸妈去旅行。"切记，不管她说的真话是不是"真的"残酷得让你血压高，不要生气，你该感谢她的坦诚，至少她不会说反话来让你猜到抓狂。

依据我个人的观察，男人除了在分手时因为想逃避责任，会比较常使用反话，其他时间，他们说的大多数都是"事实"。

"你在干吗？""没干吗。""你昨天晚上去哪儿了？""没有啊，跟朋友（玩友）去唱歌。""那你干吗不接我电话？""太吵了（她叫得很大声）所以没听到。"

男人最多只是会忽略括号内的"部分事实"，然后陈述他觉得应该陈述的事实给你听。

不管男人劈不劈腿，既然你要跟他在一起，就选择相信他所陈述的全部，并且把那当成"完全事实"比较好。

不过，如果有一天当他对你说："你不需要我。"

你满腹疑问，不会啊，我是很坚强很独立很能干没错，可是我很需要你，我没有不需要你啊。

你搞错了，他真正的意思是："我不需要你。"

懂了吧。

我爱你，但并不特别

> 我没有勇气让他看到我发怒的一面，也没有勇气告诉他我其实是个嫉妒心强烈的女生，为了让他觉得我是个完美体贴又可爱的好女友，我总是装大方、装宽容、装不在乎。结果就是他也觉得我没那么在乎他。

前两天参加朋友婚礼，照例大家陆续到齐。我们这一大群人，常互称"兄弟""姐妹"，至今认识近十七个年头，已超过岁数的一半，对彼此的了解，或者比兄弟姐妹更甚。

其中也包括我的某一位前男友。

我们交往的时间比认识的时间短，因此友情的重量远大于爱情，而我们互相了解的程度，或者超过生命中一些没有缘分的恋人。人的关系实在充满奥妙，从他身上我了解到，原来越过爱情之后，某些关系真的会变成另一种友情，甚至是家人般的亲情。

有一次，在MSN上谈到他的前女友时，他说了一句话：

"你们都是很特别的人。"

我回："特别？我也是要生小孩要扫地的啊，还不是一样平凡。"

他说："嗯，所以那是在你老公面前。"

后来仔细想想，或许我从不曾在他面前，表现出所谓"平凡"的一面。

他并不知道，我虽然会念书会考试会写文章，还会做刺绣画画跟烧一桌好菜，但是我会傻傻地把染色的衣服跟白衣服一起洗，搞得整台洗衣机变成粉红色。

我烧开水的时候会忘记把壶嘴盖盖上，所以水快烧到干的时候我还疑惑为什么水不滚。

停电的时候我自以为浪漫，在浴室点蜡烛，结果差点把房东的镜子给烧坏。

等电梯的时候不小心放屁，怀孕睡觉的时候打呼噜很大声，常常烦恼一头白发跟脸上消不去的黑斑。

这些很平凡人的一面，我想，他并不知道。

年轻的时候谈恋爱，我们总会想在心爱的人面前，表现出完美的一面。

穿着最喜欢的衣服，化好最精致的妆，好整以暇地等待与他最棒的一次约会。

我们希望，他看到的女朋友，永远是最可爱、最讨人喜欢、最迷人、最特别的。

而不是不可爱、无趣、平庸，甚至是易怒、焦躁的。

然而我们常常忘了，我们是人。是人都有缺点，都有烦恼，都有困扰。

我们或许误会了，他喜欢的，或许不是一个完美的娃娃，而是一个带有瑕疵的真人。

如果，对他坦白相告：

"我不喜欢你不接我的电话。"

"我希望你可以常常打电话给我，发短信也可以。"

"我比你想象的，还要更在乎你，但是说真的，我感觉不到你很在乎我。"

把实话说出来，真的会很恐怖吗？

让他知道，你也是会生气，会吃醋，会发牢骚，像一个普通的女生在乎着他，这会很恐怖吗？

当年，我没有试过对他说实话，我就放弃了。

我告诉他我要分手，他莫名其妙地没有再来找我。我以为这是潇洒，长大后我才知道这叫愚蠢。

以为自己在他面前保留最完美的一面，这叫做爱情的大方，其实一点儿也不，这叫做爱情的自私。

一句实话也不敢说的我，只不过是个胆小鬼。我没有勇气让他看到我发怒的一面，也没有勇气告诉他我其实是个嫉妒心强烈的女生，为了让他觉得我是个完美体贴又可爱的好女友，我总是装大方，装宽容，装不在乎。

结果就是他也觉得我没那么在乎他。

几年前看一部韩剧《布拉格恋人》，男女主角是貌不惊人但演技帅到爆的金柱赫和我很喜欢的"戛纳影后"全度妍。

全度妍演一个外交官，还是总统的女儿，金柱赫只是一个管区的刑警，没钱没地位。

女主角猛追男主角（强烈建议想追男生的女生来看这部，传授不少可爱的妙招），但男主角就是不肯接受她，还用身份地位之差把她给推开。

痴心的女主角对他这样说了：

"世界上哪有特别的人？只有平凡的人谈特别的恋爱。"

这句对白当时深深地撼动了我的心。在爱情面前，再特别的人也变得平凡。

最新一期的《明报周刊》，对 Twins 的阿娇做了很长的专访。这应该是陈冠希不雅照事件后，阿娇第一次接受媒体专访。为了确保采访顺利，专访在英皇老板杨受成的豪宅内进行。

记者在问到，为何你会在记者会上说出"好傻好天真"？阿娇的回答大致如下：

"这是我对这段感情的感受，我当时并没有考虑太多，而且也无法控制这句话出口后造成的效果。更何况，谁在爱情里是不傻的？或许每个人都有聪明的地方，但是在面对爱情的时候，我是很傻的。"

我并不认识阿娇本人，对她的演出也并不熟悉，但是就一个女人去看另一个女人的角度，以她所承受的压力，我真的会心疼她。

如果她不是阿娇，她爱的男人不是陈冠希，甚至，他们还是两个明星，但是已经结了婚，这些照片，不过是甜蜜的私房照。

任何人都可以在自己的家里照下这些照片。

谁在爱情里不傻的？当然，尤其是面对你爱的那个人。

你只是为了让他高兴，所以你会愿意去做很多平常你不会做的事。如果这世界上有一百种方法可以让爱的人开心，恋爱的女人或许会愿意试到一千种。

只因为你爱他。

如果你在爱情里保持清醒，对方也会永远保持清醒。

如果你在爱情里总要步步为营，总要让自己占上风，总拒绝做任何好傻好天真的付出，对方比你看得更清楚。

如果你不付出真心，怎么可能得到对方的真心？

你把最平凡的那一面留给了最爱的人，因为那是你能给他的，最特别的东西。

我爱你，而且，我一点也不特别。

Part 2
做女王，内心很纠结

你三十岁谈的恋爱，喜欢的对象，绝不会和二十岁的时候一模一样，甚至，你或许羞于承认二十岁的时候，竟然会喜欢现在绝不可能喜欢的人。

如果我不漂亮，你还爱我吗？

> 正妹要找到真爱是不是很难？
> 或者说，正妹对自己的爱情总是忐忑不安。她不知道，来追她的这个人只是想把跟她同居的事用来炫耀，还是真心地想要花时间了解她？

有一天搭捷运（台湾的城市轨道交通系统，相当于地铁或城市轻轨），候车的时候听到两个高中女生在闲聊。

A女：那个某某班的老鼠（化名）为什么没跟大米在一起？他不是喜欢她很久了？

B女：因为老鼠后来去追别人了。

A女：哦，怎么会这样？那个女的有很好吗？

B女：听说长得很正（就是很漂亮），我想老鼠去追她，是因为跟她在一起可以用来炫耀吧。

A女：嗯……（赞同）

我偷瞄了一下A女和B女，哦，她们都不是正妹（漂亮妹）。虽然我很不喜欢以貌取人，不过既然都听了她们的对话了，也是要参考一下说话者的主观状态。

说真的，她们的评语，真的很让我为那位正妹感到可悲。即使我根本不认识那位正妹，也说不定那个男生老鼠就如她们所说，有见一个爱一个的不定性格，然而我们不得不从这小小的对话中推出一个逻辑：

在社会上，有些人认为，男人跟正妹在一起就是为了炫耀。

因为我是编剧，每天都在做模拟别人人生的事，这是我的工作，也是我的兴趣。

或许我注定要走上这一行，从小时候开始，每当别人在说一个人坏话的时候，我就会忍不住想，那个人真的有你们说的那么坏吗？那个人心里头到底是怎么想的呢？

当了编剧之后，我顺理成章地站在不同人物的角度模拟他们的情绪，他们的想法。

如果 A 和 B 要吵架，我的角色既是 A 也是 B，我一会儿站在 A 的立场责怪 B，又一会儿站在 B 的立场反驳 A。

以正妹这个例子来说，我会想，如果我是正妹，我知道别人是这样看待我的爱情，我会怎么想呢？

我大概会很想问追我的男生一句话："如果我不正，你还会喜欢我吗？"

男生九成会立即回答："是啊，我当然还是喜欢你，因为我是真的很喜欢你啊。"

但是，正妹大概也有九成是不相信这种话的。

"哼，少来了，除非你瞎了，才会继续喜欢我吧，如果我长得像许'唇'美，但我的个性依然是我，你再说你真的很喜欢我试试看啊。"

这样说来，正妹要找到真爱是不是很难？或者说，正妹对自己的爱情总是忐忑不安，她不知道，来追她的这个人只是想把跟她同居的事用来炫耀，还是真心地想要花时间了解她？

我想到以前高中的时候，学校里最漂亮的女生往往都在乐仪队，她们通常成绩好又面容姣好，腿又直又长（毕竟要经过面试呀），在班上总是一副天之骄女的模样。

那时候，说到"某某某是乐仪队的哦"，简直就像出了社会之后"某某某是空姐哦"一样，能让男生加速心跳，血脉贲张。

这些美女中的美女，有的还会被冠上"××路之花"这样的称号（那时候捷运还没通，大家都是搭公交车上学）。比方说我记得每届都有所谓的"××路之花"，只是那年代没有PTT的漂亮版（beauty），更没有什么网络相册，所以这种称号都要靠人们口耳相传，但也就因为如此，神秘感与传奇性都更胜一筹。

想要见到"××路之花"，唯一的办法就是在她可能会上车的时间去搭车，或者在她放学后尾随她去补习班。

弄一张本人的照片？恐怕你得去跟她同班同学当好朋友才有可能。

大学的时候，新生训练大会加上各种迎新活动一结束，所有的一年级新生都被评鉴完毕，美色各见高下之后，就会有"某某班花"及"某某系花"这样的名号开始流传。

被冠上什么花的女生，如果在一个偶然机会遇到不认识的学长，或是他系的男生，可能还会被指认出："啊，你就是那个'海角七号'！"

为什么这里要使用"海角七号"这个称号，因为美女的真实姓名不见得会被记得，流传得比较快的往往是她的学籍号码或者是绰号，甚至是别人取的昵称之类的。

讲了上述一段来历，我真正的重点其实是，一旦被冠上什么花的正妹，在她那段学校生涯的爱情大概也就进入演艺圈般的命运：真爱难寻。

什么人追她，用什么方式来追她，都会被放大来检视。她跟谁走得近，对谁比较好，也像八卦新闻般地在本人完全没发表意见的状况下，流传众说纷纭的民间版本。

爱慕她的人或许有一百个，但真正敢去追的可能不到五个。

男生们也很有自知之明，知道自己几两重，所以他们往往不敢追第一名的美女，而去追第五名的中等美女。就像今天你说你要追林志玲，追得到是运气，追不到则是笑话。

然而你有没有钱，甚至帅不帅，其实林志玲本人未必在乎，她要的只是，一个看不到林志玲这三个字的男人，甚至如果有可能，她真希望对方是先认识真正的她，而不是先知道她是林志玲。

她要的只是，一个能看到她本质的男人。

根据我的观察，会说自己正而没有人来追的女生，其实都不是真的正。因为真正的正妹，其实很害怕别人说她是正妹。她比谁都还清楚，一旦被冠上美女称号的命运是什么，那就是好男人坏男人跟你在一起，别人都会说那是因为你长得漂亮。

难道这不是最可悲的事吗？

是真心喜欢，还是寂寞？

> 有一种喜欢，是连男人自己可能都不知道其存在的，也就是"假性喜欢"。这种假性喜欢，一旦你当成是"喜欢"，导致的结果可能就是，他其实没那么喜欢你。

关于"男人到底想干吗"这件事，虽然是已经写过，但今天是想更深入地来讨论某一种男人追求女人的心理，这也是我常想请教男人的一个问题：你是真的喜欢她，还是因为寂寞？

先说我们女生常常遇到的几种状况。

状况一：

你和甲男认识有一段时间了，但不是特别熟的关系，可能是同学，或者是同事，他对你始终很平淡，有时甚至有点冷淡，因此你也就一直不把他列为"可疑分子"。

直到有一天，你漫不经心地对他说了句话，或开了个玩笑，甲男突然春心大发，回你一句极尽暧昧的对白，弄得你心头小鹿乱撞，一个个斗大的问号不断地冒出来："难道他喜欢我？"可是，不对不对，因为我觉得他应该是：A.有女朋友；B.喜欢另一个女生；C.对我没兴趣；D.以上皆对。

这是怎么回事？

状况二：

你和乙男认识很久了，你们甚至可以称得上是哥们儿，怎么帮忙追哪个哈很久的女生，或是分手时陪他去喝醉去吹风，你都在场。这么多年以来你对他没有其他的，正因为太了解，你对他不存有恋爱的幻想。

你和这位兄弟保持着一个友好但不亲密的距离，他想找你就找得到你，但你们并不需要时时黏在一起。

直到有一天，你们可能一起出去喝了杯酒或看了个夜景，那晚你们仍是哥们儿，什么不该的都没发生，但奇妙的是，那晚过后的他却像吃错了什么药，拿出一个你不熟悉的态度来对你。

他突然会记得要帮你开门，帮你提东西，温柔地嘘寒问暖，讲话像含了蜜糖，眼神像点过散瞳剂，对你来说，这一切变得超级不对劲儿。

当你搞清楚他在干吗的时候，你突然发现，他不是把你当成一个哥们儿，而是一个女人。

电影《他其实没那么喜欢你》其实揭露了一个很重要的事实，女人对于了解男人是如何喜欢自己这件事，确实感到兴致勃勃，反而对男人来说，喜欢这件事是非常简单的，就是"喜欢"跟"不喜欢"，后者也包括可以接吻跟上床。

女人最想知道的，就是他到底是不是真的喜欢自己，她只想听到答案。

我个人认为，有一种喜欢，是连男人自己可能都不知道其存在的，也就是"假性喜欢"，这种假性喜欢，一旦你当成是"喜欢"，导致的结果可能就是，他其实没那么喜欢你。

假性喜欢，就是我列举的状况一和状况二所可能发生的。我们人在某一瞬间，确实会感觉到一种，好像喜欢上眼前这个人的虚幻感，因为对方的一句话，一个笑容，一个动作，那件事打动了你心底的某个地方，然后你就觉得，哇，好像喜欢上这个人了。

但是那是真的喜欢吗？你是喜欢上那一瞬间的感觉？还是真的喜欢这个人？也或者，你只是寂寞太久了？

我个人在青春时代，非常害怕寂寞的男人，我害怕男人在寂寞的时候对我示好，若他喝醉脱口说出我好寂寞这句台词，我只想加速逃走。

一个害怕寂寞的男人就容易饥不择食，而我不想变成他"没有鱼，虾也好"的选择。不是因为我觉得自己行情多好，只是因为我比较喜欢健康且平等的男女关系。

一个单身的男人，若自己过得很好很充实，而不是三天两头装可怜说自己寂寞，那就代表他找女朋友不是为了填饱他空虚的时光，他是真心地想找一个喜欢的女生。

一个有女友或老婆的男人，若还在别的女人面前高唱我好寂寞，他可被列名全世界最无耻的物种之一，一个不够，两个更好，再多的雌性动物也无法拯救他的寂寞，因为他从来就没有真心喜欢过人，他喜欢的是"喜欢上一个人"这种感觉。

如果我们想遇到一个真的可以好好谈恋爱的人，难道我们不应该先分辨一下，他到底是真的喜欢，还是因为寂寞？

毕竟，这世界上可以做普通朋友的男人很多，但是你真正需要的，就是一个你真的喜欢他，且他也真的喜欢你的男人。

喜欢的男人有女朋友

> 晚来后到的爱情未必就不会成为真爱。
> 就像我们都曾经同情过黛安娜王妃，憎恨过无情的查尔斯王子，但直到他和卡米拉结婚，我们才明白，原来黛安娜才是这段关系里的第三者。

看到这个标题，希望各位不要被吓到，这是过去式，现在作为人妻的我，已经不能干这种惊世骇俗的事了。

还要感谢一位网友留言，把她的故事说给我听，于是有了这题目的灵感。

很久以前，我曾经喜欢上一个有女朋友的男生。

再更久以前，我还经历过，喜欢的男生，竟然交了女朋友。

无论你是比他女朋友先喜欢上他，就像我晚了一步错失良机，还是你喜欢上他的时候，他已经死会（在台湾暗指已经有了对象的人，如了结婚的人，订了婚的人，有了男女朋友的人——编者注）了。总之，事实摆在眼前，人家是一对，我们晚来的、后到的，就叫做"第三者"。

如果可以选择，谁想要当第三者？谁不想要当大的？谁不想要跟喜欢的人出去的时候，可以大方地勾手，约姐妹来聚会，昭告全天下的人："嘿，他是我男朋友！"

问题是，面对着喜欢的人，却强逼自己不喜欢他，就像在减肥的时候，面对着自己最喜欢的甜食一样，这是很痛苦的。

烤得松松软软香喷喷的那盘格子松饼，最好还洒上糖霜，摆好一圈圈的鲜奶油，还有几颗晶莹剔透的草莓跟奇异果，除非你是蔡依林，明天要登台作秀，不然平凡如你我，谁受得了松饼的诱惑？

你喜欢的那个不应该喜欢的人，就像这可口又不应该吃的水果松饼一样，理智告诉你不可以，可是你管不了你的情绪和感性。

你细细回想和他相处的点点滴滴，想从和他的对话里找出一点他可能喜欢你的蛛丝马迹。你详细记录你和他讲电话或 MSN 的时间长短，你暗自妄想说越长代表他越喜欢你。

因为他，你开始喜欢写日记，在每次对话后像跟踪狂似的记下他讲的重点，他说的每句话听起来都那么动听，都像你一辈子不愿意忘记的金玉良言，你第一次知道，原来这世界上有那么多形容词会让你心跳加速，你甚至能背出上一次他说过的台词给你最好的朋友听。

冷静一下，你当然知道，你爱上的这个他，不是什么完美的男人。

他有可爱的地方，所以你才会刚好跟其他的女生一起喜欢上他，但是他必然也充满缺陷，你甚至就是因为看见这些缺陷才认定你爱他。完美偶像与真实爱情的差别在于，你可以喜欢赵又廷，你隔壁的同事也可以喜欢赵又廷，问题是赵又廷不会打电话给你，不会发 MSN 给你，但是你喜欢的那个男人会。你不知道赵又廷有什么缺点，不知道他不喜欢吃什么，但是你对你喜欢的那个男人了如指掌。正因为这些真实的点点滴滴，才会让你那么喜欢他。

真实里还包含了一项残酷，那就是他的女朋友，也是真的。

你不是真的想当坏女孩。你或许也不认为自己是个乖宝宝，但从小到大，你做过最坏的事不过是，养的蚕宝宝突然死掉的时候你吓得把它丢到垃圾桶而没有给它一个像样的葬礼，当股长的时候滥用私权把讨厌鬼的漫画没收，偷偷用立可白在抽屉的反面写下某某某是臭三八，还有那个看起来很胖的欧巴桑上车时你装睡没有让位子给她坐……顶多是这些小奸小恶你想起来会不好意思的小坏事。

你不是那种会去勾引别人的女生，你不是真的想要拆散一对情侣，你不是真的想要看到另一个女孩哭泣，你不是真的希望他抛弃她跟你在一起，可以的话，你希望她先离开他，她先不爱他，她最好能得到更多的幸福，这样你就不会觉得自己真有那么坏。

因为你喜欢的人有女朋友，所以你不自觉地变得比较心虚。比起去看那些如何让自己清醒的教战书籍，你对那些第三者修成正宫的故事更有兴趣。你惊喜地发现，晚来后到的爱情未必就不会成为真爱。就像我们都曾经同情过黛安娜王妃，憎恨过无情的查尔斯王子，但直到他和卡米拉结婚，我们才明白，原来黛安娜才是这段关系里的第三者。

因为我们凡人如此庸俗，才对爱情有这么多贪图。

承认他是一个坏男人，跟否认自己还爱着他，是一样困难。

我曾经经历过一段很蠢的事。我喜欢一个男生很久了，我们会讲电话，会一起去吃饭，逛街，只是没有牵手，没有接吻，就这样持续着"友达以上恋人未满"的关系。我有一种无聊的想法，等他跟我告白，总觉得，如果不是他要我做他女朋友，那他就没有那么喜欢我。

我没有想到的是,他既然可以跟我"友达以上恋人未满",当然也可以跟其他女生"友达以上恋人未满"。因为他也不怎么确定我是不是喜欢他,在另一个女生跟他告白时,他就接受了。如果我继续跟他约会,我就会变成我自己最讨厌的那种人:第三者!

好吧,或许你会说,这个男生可能也没那么喜欢我,才会去接受别人的告白。但是谁知道呢?不是每个人都意志坚定,都清楚自己喜欢炒蛋不喜欢荷包蛋,不是每个人在面对一团泥沼的爱情时都耳聪目明,可以当机立断,做正确的决定。如果大家都这么厉害,这么理智,那书店一整架的两性跟心理励志书籍不就没销路了?因为,真实世界就没这么简单嘛!

从那以后,我就告诉自己,无论对方喜不喜欢我,只要我喜欢他,我就要让他知道,而且是,清清楚楚地知道。

当然,也包括,对方有女朋友的状况。

多年后,当我发现我喜欢上一个有女朋友的人,我写了一封信给他:

"我很喜欢你,你对我而言是一个特别的人,如果可能,我当然想要跟你在一起,但是,我知道,现在是不可能的,因为你有女朋友,而我也不是那种可以忍受当别人第三者的人,所以,我会远远地祝福你。

"我会写信给你,因为我想把有趣的事告诉你,也想做礼物给你,因为我喜欢看到收我礼物的人开心,有时候我或许会打电话给你,因为我想听听你的声音,知道你过得好不好,工作顺不顺心,梦想有没有越来越近。

"如果你愿意继续跟我当朋友,我会很高兴,如果你想跟我保持一点距离,我也不会生气,毕竟,你是我喜欢的人,我希望你有愉快的生活。如果我的喜欢会打扰你,请告诉我,虽然我不能成为你的女朋友,但我至少可以当一个好朋友。"

信写完了,我也哭了,但是,我觉得很满足。

在那一天的日记,我是这样写的:

你尽力了,你对你最喜欢的人尽力了,那么,你知道,无论他会不会爱上你,你已经没有遗憾了。在自己的爱情里尽力,是你能给自己最好的幸福。

后面还留了几行感悟诗:

　　天使离开沙漠的时候
　　沙漠并不知道
　　我的灵魂离开爱恋之前
　　灵魂也不晓得
　　走了　就不再忧伤
　　飞了　就不再等了

若你爱上了才子

> 你以为帮助他完成伟大的梦想就是爱他，不，真正的才子是不需要帮助的，他终究会完成他的梦想，而他的女人只需要好好给他一个拥抱跟亲吻。

对你的那一半，你以为自己很懂他。你以为他很需要你。错。

这件事最大的盲点就是，你以为他很可怜，你以为你在同情他。你没搞清楚，盲的人是你，不是他；你没看清楚，需要同情的人是你，不是他。

有才华又痛苦的人，根本不需要同情。他的才华带来的痛苦，对他来说是一种享受，也是一种救赎。就算他会痛苦，也没什么好抱怨的，既然都选择要当才子了，还怎么能怪上帝给你的天赋？如果没有勇气承受这种痛苦，那就承认自己的能力是无法驾驭才华的，简单说，就是才华不够，而不是怀才不遇。

我认识的一种才子，必须要靠哀悼已逝的情伤，才创作得出作品。所以那个得不到的永远是最美的，结不了婚的永远是最爱的，就跟日剧《东京爱情故事》里的完治和莉香一样，即使娶了别人完治还是会回头看着莉香的背影，而莉香的最爱永远是完治。

醒醒吧，这是电视剧。

现实生活不会是这样的，没人逼你演日剧。你想要嫁给最爱的人，那就不要不负责任嫁给一个不怎么爱的人；你想要娶最爱的人，那就不要孬到不敢和不爱的女友分手。每人的人生自己负责，别再说什么最爱的所以无法结合，如果你枕边躺的那个人不是你爱的，那你干吗继续跟他浪费时间？一定有原因的嘛，那个原因就是你，不要把责任推到枕边人身上。

还有一个社会问题，就是有才华的女人比有才华的男人更伤脑筋。

因为，才女通常会欣赏才子，爱上才子，还以为只有她们才会理解才子的内心世界。然而，真相是，才子的内心世界，不过是几个比基尼辣妹，还有几朵蓬松的白云而已。才子需要的不是才女，他需要的是一个会听他说话的女人，必要时像仰望伟人的时候发出赞叹的声音："宝贝，你好棒。"

才子的女人可以不必笨，但不必很有才华。

所以，如果你自以为只有你才了解才子，只有你才明白他的痛苦，只有你才能真正帮助他，那就真的是大错特错了。你所嫉妒的，是那些可以了解他的人，是可以忽视他的痛苦的人，是那些可以帮到他但又不那么爱他的人。事实上，你以为帮助他完成伟大的梦想就是爱他，不，真正的才子是不需要帮助的，他终究会完成他的梦想，而他的女人只需要好好给他一个拥抱跟亲吻。

如果你站在比他更高的角度，那你是不可能爱他的。男人，天下的男人都一样，就算是最有风度最没才华的男人，也会希望自己的女人永远比自己矮5厘米，以30度的仰角向上仰望，这种视线才是男人渴望的。我并不是鼓吹女人矮化自己，我只是想要提醒你，这就是生物界的竞争法则，如果你不喜欢，那也没办法，谁叫你爱上的就是这些雄性动物。

所以，诺贝尔奖得主会爱上可以当他女儿的佳人，音乐才子终究还是喜欢长发清纯妹，这跟才华一点关系都没有，有关系的就是，他们都是男人，他们是用感官在挑对象。才子最害怕被人发现，即使他的脑容量比别人开发得多，但是里面却藏匿了一群蠢蠢欲动的精虫，不怀好意地发出叫声："对！我就是喜欢美女！什么我会欣赏有内涵的女生这种屁话，是讲给媒体听的啦！"

如果有一天你爱上了才子，很不幸你又自认很有才华，那就祝你好运。

因为他其实并不需要你。

爱上不挑嘴的人

> 从这些女人之间你找不出任何一个共通点,初看一个两个或许你会想他还在尝试,要是你不巧认识他超过十年,你只会发现自己似乎越来越不了解他。事实是,我想他也不怎么了解他自己。

这一天,我遇见了某位男士带来的新女友。

他介绍了她的名字,然后,从头到尾,我都没听那女生开口说过一句话,是位存在感很低的小姐。

我思考着哪里怪怪的,并不是因为那女生寡言的关系。过了几天,在另一次的聚会里,刚好又遇上了类似的状况,又有这样一位不怎么说话的女生,我恍然明白了一个重点。

那就是我的这两位朋友,基本上都是"不挑嘴的人"。

从一部电影说起吧。

理查·基尔和朱莉娅·罗伯茨第二度合作的爱情喜剧《落跑新娘》,跟第一部《麻雀变凤凰》比起来,实在是逊色多了。但是《落跑新娘》这部戏里有个很有趣的点,至今我仍印象深刻。

理查是记者,为了探访每次结婚都"落跑"的新娘朱莉娅,而试图接近她的生活并且采访了她全部的前未婚夫,理查于是发现一个惊人的事实,这个女人根本没有喜好。她跟喜欢吃荷包蛋的男人在一起的时候就喜欢吃荷包蛋,跟喜欢吃水煮蛋的男人在一起的时候就喜欢吃水煮蛋,换言之,她连自己喜欢吃什么样的蛋都不知道,到头来,她看似是可以跟任何一种类型的男人在一起,其实也就是说,她根本不知道哪一种类型的男人是她喜欢的。

高中的时候有一个男生追过我,我本来也喜欢他,团体里面也有别的女生喜欢他,我们几人就如此暧昧不明了一阵子。后来当他写情书跟我告白,我本应接受他的告白,我和他就会是完美的一对,是吧?但是关键那一刻,我退却了。

以下是我的回答:

"你很喜欢打撞球对不对?对你来说,我并不是你非要打进的那一洞。"

在这个过程中,我发现他一会儿可以跟 A 女搞搞暧昧,一会儿可以跟 B 女如胶似漆,当他在某人那里受了挫折,他就转向到另一个人那边去。我对他而言不是那个他非要喜欢不可的对象,而只不过是其他路都行不通的时候,可以试试看的另一个选项。

我拒绝他之后,他就没有再坚持,更不用说不屈不挠,他后来很快交了其他女友,这个结果对我来说并不意外。我当然可以做他的女朋友,把我对他的喜欢"实现",可是我更想要成为我喜欢的人"特别喜欢"的那个人。

这世上没有人的恋爱是天生特别的,大家都是平凡地在一起,然后努力地把自己的恋爱谈得很特别。所以我把对方视为特别的存在,当然也希望对方把我视为特别的存在。

这很公平，不是吗？

再回到"不挑嘴的人"。

这样的人，可能你身边也有，第一个最显而易见的指标，就是他带来的女友范畴非常地广，环肥燕瘦各有千秋不说，连外貌打扮也可从超级美女一路列到面容平庸，个性更是一绝，活泼大方可爱是他的菜，但安静贤淑沉默似乎也得他心。每次你看他带来新女友，都有一种迷惑的感觉，真不知该称赞是他心胸宽大，还是说他品味多元。

从这些女人之间你找不出任何一个共通点，初看一个两个或许你会想他还在尝试，要是你不巧认识他超过十年，你只会发现自己似乎越来越不了解他。事实是，我想他也不怎么了解他自己，他们就是不挑嘴的人。其实说白了，就是没主见、随大溜儿的人。

如果你是"不挑嘴的人"的女朋友，让我来猜猜看。你每次跟他见面，吃什么菜他都好，约哪里他都没意见，做什么他好像也都可以配合你。你问："要去哪里呢？"他会很温和地说："都好啊，看你呢。"你要是生气他没主见，他会一脸冤枉地说他是尊重你。

你吃醋。他为何女人缘那么好，从餐厅女侍到银行柜台小姐，每个人都可以跟他有说有笑。你气他的前女友的手机里竟然有他的电话，而且你听到他们有时还会见面，你简直气炸。他说他跟前女友没干吗，说真的，我建议你如果真想知道他们有没有干吗，你不如去问那个女的都比问他坦白。

你问他为什么跟某某在一起，为什么跟某某分开，他永远说不出个所以然。他是那种会看信但不会写信的人，因为他可以接受别人对他示爱，但他却无法把自己的爱情摊开。他没办法想清楚他到底喜欢什么不喜欢什么，所以某人跟他分手的时候，他也搞不懂对方到底是满意什么不满意什么。他就是这样迷迷糊糊地把时间往前过，爱情里的真相和非真相往往还来不及看清楚，他就跟这个女人拜拜，到下一个女人那报到去了。

他几乎或很少对你发脾气，你也不知道他会为什么事生气。跟他在一起，刚开始你很有新鲜感，因为你不断不断地在摸索他的个性跟喜好，时间一久你却觉得疲累异常。当他的女友就像在爬大山，你以为自己已经爬完一个山头，爬上棱线一看，你才知道前头竟然是一大片白雾，而你根本不知道要往哪里去。

你已经奋斗了这么久，才来到这里，说什么也不肯轻易放弃，然而继续这样走下去，你只觉得自己越来越孤独。你并不觉得他在你身边，这明明是两个人的爱情，却只有你一个人在努力，你走了一段，又一段，有一天你终于来到一个比较平坦的地方，在那里你看见了比较清楚的风景，那里是他的未来，而他的未来里，没有你。

只有很多很多不同类型的女人，在那里像你一样迷了路，不知道要往哪里去。

你这时候才明白，原来你爱上的，是一个不挑嘴的人。

初恋成为越不过去的罩门

> 爱不是恒久不变的东西。
> 初恋，就仅仅是第一次的恋爱而已。

友人 H 提供的故事。H 的舅舅已经年过七十，最近的样子却越来越有活力，明明是退休在家的老人，却三天两头地往外跑，非常之不寻常，连九十多岁的外婆都看不下去了。

原来舅舅在恋爱。

因为舅舅已经离婚了，所以称不上外遇，但是对方有夫有子，舅舅也算介入人家家庭，用"老三"来称呼比"小三"合适。更惊人的是，这位甘让舅舅冒着妨害婚姻罪嫌来谈恋爱的女人，并不是什么青春美少女，而是早已脱离了小姐的年纪，堪称一位大妈级的女士。

很难想象，舅舅为爱疯狂的对象，竟然也是七十多岁的欧巴桑。追根究底之后，H 告诉我，欧巴桑最大的武器，靠的不是青春肉体，而是她的身份，她是舅舅心中的初恋情人。

初恋！好一个杀伤力超强的武器！这一关键名词，解开舅舅黄昏之恋的谜底，一切尽在不言中，她曾是舅舅的最爱，且是没有得到的最爱，因此在人生走了一大圈，历经百转千回，风霜沧桑之后，众里寻她，那人还在灯火阑珊处。

记得高中时最红的一部日剧《东京爱情故事》，女主角莉香（铃木保奈美饰）真的超可爱，但是无论她怎么努力追求完治（织田裕二饰），她还是输给了完治的初恋里美。大家就算对那结局极度不满意，但也勉强可以接受，原因就在：

那毕竟是初恋呀。

初恋是，第一次体验心脏剧烈起伏和怦怦怦跳。

初恋是，第一次感受焦虑、惊喜、兴奋、期待和寂寞。

初恋是，第一次知道原来人独处的时候会傻笑。

初恋是，第一次明白那个人比空气和水还重要。

初恋是，第一次所谓快乐。

初恋是，第一次所谓痛楚。

初恋是，第一次，所谓爱情的原型。

初恋决定第一次爱上一个人的宽度，不论你爱上的是好男人还是浑蛋，是乖巧女还是劈腿花痴，初恋终究会成为一种准则，一种影响你从今以后，决定要更冒险还是更保守，更付出还是更任性的恋爱准则。

村上春树最受欢迎的两部作品《国境之南 太阳之西》和《挪威的森林》，男主角对初恋对象永不改变的爱，表达了作家对初恋的执迷。男主角可以和别的女孩上床，和别的女人结婚，但却永远忘不了心中的初恋，第一次爱上的那个女孩。即使这女人有些缺陷，比如《国境之南 太阳之西》里的女人是跛脚，《挪威的森林》里的女人是重度忧郁，都无损男人对她的爱。或者应该说，正是因为对方有着无可避免的缺陷，透过包容这缺陷而传达的爱，才显得那么真诚和可贵。

我们在爱上初恋，或被初恋爱着的时候，往往也是充满缺陷的。青涩，幼稚，不够成熟，不够体贴。像回顾年少时写的日记，总令人羞愧得不敢直视它。离开初恋的好多年以后，才会逐渐明白，在那段爱里自己做错了什么，错过了什么，于是才有足够的勇气和能量，希望下一次自己可以做得更好，更懂得如何紧紧抓住心爱的人。

残酷的是，爱情本就是一种充满缺陷的事物。当经历了人生或爱情里许多的不顺遂，或不愿意正视那些缺陷与不完满，于是暗暗怀念起初恋。以为，初恋才是真爱，初恋是唯一，初恋最美好。

这时候，初恋就成了一种罩门。人想念着初恋时青春的种种美好，种种初次的激情与欢乐，不顾一切的勇敢和大胆，那不才应该是爱情的本质吗？而今在现实重重磨难试炼之后，现在谈的恋爱，哪还有什么激情可言？

一旦这样想之后，初恋就成了一种自己越不过去的罩门。世上有许多人能与初恋修成正果，也有许多人与初恋分离，然而初恋的本质其实和其他我们在人生中谈的恋爱无异，它终究还是一种人与人之间的亲密关系，只是被冠上一个特殊的名词。初恋一样必须经历过人世变迁的改变，经历成长，经历考验，过不去，它就成为一段过去式。你三十岁谈的恋爱，喜欢的对象，绝不会和二十岁的时候一模一样，甚至，你或许羞于承认二十岁的时候，竟然会喜欢现在绝不可能喜欢的人。

如果让我重写《东京爱情故事》，我还是会把完治配给里美，并不是因为里美是完治的初恋，而是里美比起莉香，更适合作为完治的一生伴侣，我想编剧北川老师应该也是这么想的。

舅舅七十岁的时候还能再爱上初恋，是经历了五十年间的分离，却竟然不可思议地还能有共通的语言，达成彼此了解的默契。其实，初恋真是一种罩门吗？在我看来，最重要的是身边的那个人是否能和自己同步往前，是否和自己看往同一个方向。即使当你五十岁的时候，还能幸运地和二十岁时交往的初恋对象在一起，你对他的爱，必然是不断不断地演进，不断不断地成长，而不会始终维持在二十岁的状态。

爱不是恒久不变的东西。初恋，仅仅是第一次的恋爱而已。

一场远距离的爱情

> 如果你真心爱她，而且认为自己就是这世界上最有资格宠爱她的人，那你还在等什么？拿出你的勇气来，好好地对她告白吧，如果是你值得珍惜的女人，会用她的一生来回报你。

我的二姐和姐夫，是在大学时代就立定志向要从事学术工作的人，所以当他们交往之后，两人都很坚定地理解，以后要一起往这条路上前进。

但说归说，两个人要一起走，并没有想象中那么容易。首先是姐夫要当兵，我二姐还在台湾念研究所，等到姐夫当完兵，先申请到学校前往美国攻读博士，我姐才在次年完成硕士学位进行申请。

两人念的领域迥然不同，一个工科，一个文科，而且美国很大，从这个州到另一个州都要搭飞机，更何况，一个人想念的领域跟学校，未必是另一个人的选择。

即使是情侣或夫妻，说好要一起去美国念书，也没有想象中那么容易。

结果是，二姐第一年的申请不顺利，她决定先去美国和姐夫相聚，在出境前办了简单的婚礼,她就飞去念语言学校,然后继续申请。

第二年她申请到了,是她想要的学校,但是在东岸,而姐夫念的学校在南方,于是他们开始了"寒暑假夫妻"的生涯,也就是只有放假的时候,他们才能相聚。(简直就是牛郎跟织女嘛!)

过了几年,姐夫比较快拿到学位,也很顺利地拿到台湾这边大学的 offer,于是他决定先回台湾教书,优点是可以让我姐的生活费无后顾之忧,但是他们的距离拉得更远了,飞行加上转机的时间,每次要见面得花上个十四到十六个钟头。

等到我姐终于修完博士班的课程,在欧洲也做完她的田野考察,可以回到台湾写论文跟姐夫相聚,那已经是他们结婚五六年后。他们几乎从一交往开始,就是两地情侣(一个在学一个当兵),分离的时间,似乎都比在一起的时间还要长。

五六年,一个人可以改变多少?现在的我们,甚至不敢承诺六个月以后的事,更不用说六年以后的事。

当时,才二十几岁的我,对他们的爱情感到很不可思议。我很佩服他们,是如何孤单地熬过那些一个人的时刻,坚定地往自己渴望的学术路上前进,同时,还能拒绝这路上其他的各式各样诱惑,无论是玩乐,或者是异性。

说到远距离恋爱,我没有听过比他们更厉害的例子了。

至于我其他的朋友,也或者有过远距离恋爱的经验,甚至是远距离夫妻,不管是哪种不得已的状况造成远距离,两人一定会想尽办法,在"可预期的未来"里,解决远距离的问题。

可能是一个人辞职,搬到另一个人居住的城市去,更劳师动众的,还要办签证,跨国搬家,等等。总之,现在进行的"远距离恋爱",只不过是等待的过渡期。

不得已要分开两地工作的夫妻，最近也很流行。

像我的好友 T 和 F，前几年因为两人都在进行论文的田野调查，所以有时候一个人在美国，一个人在大陆，或者一个人在台湾，另一个在大陆。

但是他们几乎每天都会用 Skype 网上对话，有时候甚至是一边写文章一边就挂在网上，两人就像是隔着计算机同步生活，直到去睡觉为止。

拜现代科技发达之赐，现在的远距离恋人，不见得要花很多钱，也可以天天见到你最想念的人。

根据我这些年的观察，得出以下这段话：

"那种号称我们还在一起，但事实上分居两地多年也无所谓的恋人或夫妻，能够修成正果（或还没离婚）的，至今我还没看过。"

如果你现在就正进行着一段远距离恋爱，例如，你和你男友念的学校，一个在台北，一个在台中。那么，你们是不是到了周末就会想办法跟对方相见？或者，放长假的时候，不是他上来，就是你下去？

如果不是，如果你很期待与他见面，但他却似乎"你有没有去都无所谓"，那么，你可能要重新审视你们俩的关系，或许，他的未来并没有你。

如果你的她在大陆，你想把她娶过来，而她人还没来却先开了一堆条件，要你买房，台湾买一个，大陆也给她买一个。

那么，她"可能"不够爱你。

真正的爱情是不论外在物质的，不分国籍、贫富（不好意思，拜金女不是我服务的对象）、阶级，甚至性别（我认为啦），爱上了就是爱上了，我们爱上这个人，是爱上他的许多特质，而不是"他要先捧一栋房子来，我才要爱他"。

如果你对你的爱情有信心，你知道她爱你，不会因为你距离她一公里或一千公里而改变，那么你要相信她，最重要的是，你要先相信你自己。

然后，只要你知道，缩短你和她之间的远距离，是在"可预期的未来"里，那么，你就坚定地告诉她，请等着我，我不会放弃你。

不知道为什么，我们台湾的男人，对于跟心爱的女人说"我不能没有你"或"我希望你可以等我"，这类台词感到非常怯步。是因为一旦讲出这样的话，自己就沦落到像偶像剧里的男主角般可笑？还是觉得潇洒地祝福她，这才叫为她好？

什么都不是。

如果你真心爱她，而且认为自己就是这世界上最有资格宠爱她的人，那你还在等什么？

拿出你的勇气来，好好地对她告白吧，如果是你值得珍惜的女人，会用她的一生来回报你。

如果你掏出了你的真心，她还是离你而去，或背叛了你，那她就不是值得你珍惜的人，去找你的下一站幸福吧。

加油，各位，远距离的恋人们。

爱情里的逃避

> 人生，哪有一样是真的可以逃避的？
> 只是早面对和晚面对的差别而已。

每个人多多少少都有一些逃避的倾向。

工作或爱情。

以我来说，今天最首要之务就是改一篇稿子给出版社（已经是二修了，要命），结果我还是照例去上了日文早课，吃了午饭喝了咖啡，还到书店买了两本书，才打开计算机来改。

唉，最讨厌的作业通常都是拖到最后一刻来写，以写作者而言，最讨厌，就是最没灵感、最无趣的稿子。有灵感的稿子，早就写完了。

可是没写完的稿子，没改完的戏，就跟没交的作业，没洗的衣服一样，更精确地，套用美国人最爱的一句话："人一生中永远逃不过两件事，死亡和税赋。"

以前带过一种新人，解决不了问题就不来上班，连电话都不接了，以为逃到天涯海角就不必再写没交的稿子，不必面对没收完的烂摊子，不必再到前辈面前被训斥。

这种想法真的很糟，逃避只会把你自己逼向更深的黑暗里。

逃都逃不了的啊。

我们往往在逃避些什么呢？

你走到书店，如果到"心理励志"的那一区去，平台上放的畅销书，随便拿起一本来看。有一半以上在咒骂不珍惜你的男人，剩下一半在告诉你如何挥别往日恋情。

年少的时候失恋，我也会看这种书，甚至买过，可是我常越看越不懂，越看越难过。

那个被咒骂的男生，确确实实是我曾经真心喜欢过的，即使之后发现他是个浑蛋，喜欢他的那一刻我的心意是真的，我感受到的他也是真的。

我确实爱上了他看着我的眼神，他对我露出的笑容，他说给我听的话语，甚至是写给我的文字。每一样，我都好喜欢。

这些都是真的。

而有一个完全不认识我和他的陌生人，突然冲进了我的世界，告诉我那些都不是真的，告诉我"你是个笨蛋"，或"爱上那样的男人是蠢妇"，我突然被一棒敲醒，恍然大悟："啊，我确实应该离开他。"

真的是如此吗？

在一次又一次的体会中，我逐渐发现，逃避并不能为自己带来真正的解脱。

烧掉自己写的痴情日记，烧掉他写来的情书，把所有的回忆封进抽屉，遇到朋友就说"我庆幸离开那个烂仔"，或"还好现在没有跟他在一起"，这些所谓的恋爱救赎书教我的步骤，我都一一遵从，然而在夜里我想起他，想起那个我爱过的人，我还是感到心痛。

因为我只是逃避，逃避那个在别人眼中看来愚蠢的自己，然而那就是我，那些愚蠢又不合情理的笨事确实是我做的。我甚至羞于告诉你，我为喜欢的男生付出过什么，但是心里面那个小小的我，却逃避不了那些真实发生过的回忆。

到后来，我只是在逃避别人，逃避别人发现"我还爱着那个坏蛋"的事实。

逃避不了的却是面对你自己。

唯一的解决之道，就是放弃逃避。

首先，你要先感谢对方。你遇到了他，他竟然是这世上千中百选让你爱上的那个人，你没有爱上刘德华，也没有爱上言承旭，你放弃了爱上比他更帅气的男人，把这些时间投入到他身上，他当然是特别的，对你而言。

他不爱你，或不够爱你，那不是他浑球，是你的魅力不够大，是你不是他的菜，问题不在别人身上，就在你身上。

其次，好好看看自己为他做过的事，别说是"蠢事"，仔细想想，有一些还蛮有创意的，是不？

最后，把这些回忆带在身边，天天想，日日想，如果你想到受不了，还跑去他家门口偷看他回家，不伸出手骚扰的话，静静地欣赏他也无妨。

直到有一天，你会发现够了，你爱够了，想够了，你想要爱上别人试试看，或者你已经爱上别人了，你会发现这一切变得很容易。

有一个失恋很惨的兄弟，安慰他的时候我是这么说的：

"我不会叫你从现在开始就不要爱她了。因为此时此刻此地，你还难过着,就代表你还爱着她。人的感情不是电器开关,说关就关,说不爱就不爱。所以你就继续爱她吧,为她付出吧。爱她爱到你再也爱不了的那一天为止。当你觉得够了,就走吧,然后好好感谢她,让你曾经这么精彩过。"

现在就不再逃避了吗?

怎么可能。

桌上堆积着的水电费账单,没写完的剧本分场,洗碗槽里没洗的杯子,几个月前说要整理却没整理的乱抽屉,答应某人要请对方来家里玩的承诺……

没处理的,就是在逃避。

然而以上没有一样可以逃得过。

终有一天,账单没缴会被断水断电,剧本没写会被导演夺命连环催外加恐吓不付钱,洗碗槽里堆积如山已经堆不下其他杯子了,乱抽屉乱到找不到一个要用的胶带,某人因为你老是不约而自己打来或是愤而绝交……

人生,哪有一样是真的可以逃避的?只是早面对和晚面对的差别而已。

忘不了他，就继续想念他

> 现在遇到朋友分手，我会问她，你真的很喜欢他吗？
> 如果真的很喜欢，那就不要勉强自己忘掉他。
> 不需要勉强，勉强自己去忘记一个人，反而会记得更清楚。

最近，我的一位朋友失恋了，我就给她解解疙瘩。

人在分手之后，往往会对来自周围的言语感到迷惘，因为，在这些爱你与关心你的人之中，十个大概有九个会告诉你：

"忘了他吧，下一个会更好。"

伤心欲绝的你，可能走到书店，想到两性的那一区里，寻找一些答案。

人就是如此，工作不顺利的时候就想找职场生存指南来看，恋爱不顺利的时候就想找爱情解答圣经来看。

很不幸的是，我们终究会发现，写职场书的人自己的生涯也没有多成功，写恋爱书的人自己的爱情也还是残破不堪。他们终究没有办法给你任何答案，而你之所以得到救赎，只是因为在阅读的时候产生一种"同是天涯沦落人"的抚慰感。

我也曾经失恋过，失恋的时候也曾经看过几本这种书，诸如"更了解××星座的男人"或是"甩掉不适合你的男人"。我个人的体会是，看越多，越伤心。

就像跟朋友诉分手的苦一样，谈越多，越伤心。

到头来，夜深人静的时候，书看完了，电话也放下了，你还是好想他。

问题还是没有解决。

我曾经花一年时间来忘掉一个人。这一年的意思是说，我试着去认识别人，也试着跟别人出去约会，但是到关键的时候，我发现，那个人在我的心里还是沉甸甸的。

我可以跟别人在一起，但我心里还住着那个人。

在精神上我有些洁癖，我不喜欢这种感觉，与其这样，干脆都不要开始新的交往比较好。

经过这一年的奋战，我的结论是，我根本忘不掉他。或者说，我理解到，"忘记"这个动作在一开始就是不对的。

人的爱情，人的感情，不是瓦斯炉，说关就关，说熄灭就熄灭。

今天分手，睡一觉醒来，明天早上，还是喜欢那个人，这种感觉，一点错误也没有。

所以分手之后，叫一个人忘记另一个他还爱着的人，根本就是强人所难，违背自然法则。

当我跟男友 A 分手的那一天，甚至是半年内，我都还可以说，他是这个世界上，我最喜欢的人。

半年后，我遇到了另一个我也很喜欢的人 B，但是还是没有大于对 A 的喜欢，于是我继续喜欢着原来的男友 A，也同时喜欢着 B，然而我还是独身着。

又过了一段时间，我或许也遇到了 C、D、E，我发现我最喜欢的人还是 A。

再过了更长的时间，我终于遇到了一个 F，是我真的非常喜欢的男人。

这时候，我每天都在想念着 F，希望能多靠近他一点。

有一天，我终于感觉到，我不再思念 A 了。那距离我跟他分手，已经是整整两年后。

或许我是个痴情女，我相信，有很多人的"忘记期"比我短暂许多。

但我也知道，有人的"忘记期"比我更长。

我有一位好兄弟，他花了三年时间跟一个女孩交往，女孩跟他分手嫁给别人后，他也花了三年时间才把她忘掉。

我只花了半年时间跟 A 交往，所以花两年忘掉他，对我来说还算很公平。

现在遇到朋友分手，我会问她，你真的很喜欢他吗？如果真的很喜欢，那就不要勉强自己忘掉他。

不需要勉强，勉强自己去忘记一个人，反而会记得更清楚。

在这段"忘记期"，你仍然有许多事可以做。你爱他，所以你可以继续对他表达你的爱，只要他还没有新的女友，你的行为也不至于造成困扰的话，你就继续进行爱他的行为吧。

你可以写信给他，把你想告诉他的事告诉他，你可以做礼物给他，画一张画给他，以不打扰他的方式继续爱着他。你仍然可以继续着许多思念他并喜欢他的行为，即使他不爱你了，但没有关系，你这么做是为了你自己，而不是为了他。

一直做，做到某一天，你再也不想这么做为止，做到你再也不想为他付出为止。

我试过这种方法，两三次有吧，对我个人来说，是还蛮有效的。

我一直觉得，大声宣称自己已经康复了，或是已经走出来的人，往往并没有真的走出来。

他们只是害怕自己被嘲笑，被看待成傻子。然而人在真爱之中没有不傻的，既然爱的时候那么傻，又怎么可能在分手之后马上变聪明？

真正遗忘的人，是连提起都忘了提起。

说"我很好"的人，却没有真正遗忘过。

想想看，明天早上醒来，你想到那个已经分手的他。你决定，要为这个你真的喜欢的人，做一件令他印象深刻的事。

反正已经分手了，你也不需要害怕再失去他。

反正已经分手了，你也不要再期待会得到更多。

为自己已经离开的爱情，做一些纪念。

试试看吧。

Part 3
看清男人的另一面

男人天生喜欢唱反调，喜欢征服女人，当你越想推开他，他的战斗意志就越强，即便你不爱他。很多时候，他只想满足自己的征服欲死守着，根本不顾及女人的需求和感受，活在他自己构筑的战场里，但结果常常是男人获胜。

男人内心藏着一个小男孩

> 他们最深层的心底，却始终有个小男孩，需要被理解、被宠爱、被照顾。
>
> 如果你能够照顾好这个小男孩，或者说，你有办法可以搞定这个小男孩，你就能成为他心中不可或缺的女人。

从十五岁开始会偷看补习班上的男生，十六岁第一次收到男生写的情书，十七岁发现喜欢上男生是什么样的感觉，到二十七岁结婚……这就是我，坦白说，我是到了做人妻子为人母亲之后，才发现一个事实：

无论我们爱上的男人是十五岁，二十五岁，还是三十五岁，甚至是五十五岁，无论他看起来像个勇猛率直的热血男，还是斯文谦虚的稳重男，在男人的身体里，都藏了一个永远长不大的小男孩。

心中的小男孩，是跟情人吵架的时候，会不管女朋友还在生气，就抛下你离去的任性家伙；是老婆叮咛了无数次同样的小事，还是会记这项忘那项的糊涂蛋；是在你向他要一个决定，要一个承诺，会三心二意无法给答案的幼稚鬼。

当这个小男孩活生生地蹦跳出来在你面前，你会想，这是谁家的孩子啊？但当你再睁大眼睛仔细瞧瞧，甚至是遇上他好几次之后，你才发现，这野男孩不是哪来的陌生小鬼，而正是你爱上的那个大男人！

在《熟男为何不结婚》这篇文章里，我提到有一种男人，"小男孩体质"特别严重，行踪飘忽，缺乏责任心，他不是故意要惹你生气，也不是故意忘了约定，他所有的难以理解的不成熟行为，都只是因为他还是个小男孩。

面对这款男人，无论他是二十岁还是四十岁，你都必须以小学二年级男生的程度来理解他。例如：为什么老师交代了今天的作业，他还是会忘记把作业带回家？为什么外面明明就在下雨，他却忘了把书包里的伞拿出来，或甚至干脆把伞忘在学校了？为什么早就跟他约好，他还是边走边玩，遇到你的时候还笑嘻嘻，全然不知道你正准备对他大发一顿脾气？

我的好友C，结婚已经超过十年，有一双可爱的子女，老公事业成绩斐然，过着人人称羡的幸福生活。不过如果你以为她老公是天生的爱妻顾家，那可就大错特错了。C说道："我花了很多时间，才把他调教到现在这个程度。"她对我眨了眨漂亮的眼睛。

C的老公在婚前，曾是有名的情场浪子，靠着俊帅的外表和略带忧郁的才子气质，掳获了不少少女的心。没有女人能够驯服这头野狼，直到他拜倒在C的石榴裙下。婚后，C老公虽然收起见一个爱一个的花心，但骨子里根本还是一个小男孩。曾经发生的经典案例：一个寻常的周末，睡了一觉起来，C就发现，老公不见了！

打他手机发现手机在家里响，翻他衣橱发现没穿上衬衫，观察一下鞋柜，他应该只穿了拖鞋出门，仔细回想昨晚的最后一次对话，没吵架，没冲突，没冷战，他失踪的动机和原因百思不得其解。一个好端端的大周末，他就把老婆和两个孩子丢在家里，到底是发生了什么事？

就在五个钟头过后（我相信，这应该超乎常人等待的极限），C 正考虑是要先报警还是去联络各方亲友的时候，谢天谢地，他终于出现了！满身臭汗，风尘仆仆，手上还提了两袋超市的购物袋，弄得她莫名其妙。

"你去哪里了？"正常老婆或女友会问的第一个问题。

"我……我出去散步啊。"他答得理直气壮，显然不像是说谎。

"那为什么你连手机也不带，还消失这么久？"她要告诉自己冷静，才能按捺住即将爆发的火山情绪。

"我本来只是想去附近走走，动动脑，没有要去很远的地方，很快就回来。后来我突然想到，啊，今天我们可以来做一些菜，所以我就想去超市，但是我走路不方便载东西，所以我就先回家拉出脚踏车，到了超市之后我又挑了很久，我觉得……"听到这里，她已经全然清楚，一个大白天的，老公不是去哪里寻欢，而只是那个小学二年级生的"闲晃病"又犯了。

"你看，我买了这个那个……待会儿我可以做一个汤给你喝，我还买了红酒哦，今天的橘子看起来很漂亮……"他喜滋滋地展示他消失五小时的"战利品"，她却怎么样也笑不出来。

"你不能这样就消失，你要出门前，你可以跟我讲一声啊？"

"我看你们睡得那么熟，我真的很不忍心打扰你和孩子……"

像这般，你的男人，也是个小男孩，他说得那么理所当然，又那么费心地买了东西回家，要做菜给你吃，你忍心苛责他吗？

经过一次忍耐，二次生闷气，三次发飙之后，C的老公才渐渐地改掉这个"无声无息人间蒸发闲晃病"，至少，他现在要消失前，会想起来要打个电话给老婆告知一声。

"为什么他就是不能养成好的习惯呢？"我问。

"因为他觉得想去哪里，就去哪里，是一件很自由、很爽的事啊。我儿子就是这个样，晚回家找不到人，原来是去附近的宠物店找狗玩，不然就是回家才发现忘了带作业……我老公小时候做一样的事，会换来一顿毒打，他现在长大了，没人能限制他的行动，所以他超享受的哩！"C叹了口气。

真相大白，原来这种男人，说穿了就是具有行动能力的小孩，但跟真正的小孩比，他们手上有钱，又不怕被骂被打，所以变本加厉，尽情行使当小孩的鬼混权利！

有一回，某位事业有成又顾家的已婚熟男，当我问起他的四十岁生日感言，他竟然悠悠地叹了一口大气：

"我已经不能再当个男孩了，唉。"

"什么？可是你不是在三十岁就当了爸爸，而且，孩子都生了两个，到现在你才觉得自己是个男人吗？"我实在太惊讶了。

"从小，我就很讨厌做大人，所以我也很不想要变成大人。不过当我到了四十岁，体力大不如前，也发现很多责任终究是无法逃避的，我才接受自己是个大人的事实。"

什么？连这样一位在我眼中有肩膀又爱妻爱儿的好丈夫好爸爸，竟然也要到四十岁才觉得自己是个"成年人"，那其他逃避婚姻，逃避责任，又不想给承诺的熟男们，岂不还是读幼儿园连话都说不清楚的小鬼而已？听得我真发昏。

回忆起我从小孩转大人的阶段，可能是在大学毕业出来工作几年，经济独立之后，我就觉得自己是个不能再依赖父母的"大人"了。没想到，男人比女人晚熟的程度，还远远超过我想象。

年岁渐长之后，我才慢慢了解，当男人们真的成为大人，开始做起大人的工作，负起所谓大人的责任，他们在外表上或许成熟了，在职场上可能表现得也不差，但是在他们最深层的心底，却始终有个小男孩，需要被理解，被宠爱，被照顾。

如果你能够照顾好这个小男孩，或者说，你有办法可以搞定这个小男孩，你就能成为他心中不可或缺的女人。

我并不是说，你必须要当他的老妈，像个管家婆盯东念西，帮他料理好大小事，毕竟，小男孩不见得会喜欢黏着他妈，却可能喜欢和一个温柔体贴的女同学，或是风趣幽默的大姐姐在一起。

男人在社会上，在办公室里，都被要求扮演坚强而刚硬的角色，他们受到挫折，被上司痛骂，业绩追不到单的时候，他们不能躲到厕所去哭，也不被容许流露出懦弱的样子。在紧绷的一天过后，他唯一能够放松自己的时刻，可能就是跟你在一起，而你竟然还要求他继续扮演一个严肃的男人，这太严格了吧？

男人有时心里真正渴求的，只不过是可以在一个可信赖的对象面前，稍稍释放自己的脆弱，说出自己的烦恼，或摆出疲累和厌倦的状态。如果你够温柔，他还可以在你的怀里撒撒娇，耍耍赖，像个小男孩似的对你予取予求，要你陪他去参加一场他为了应酬但其实不想出席的饭局，要你帮他决定吃喜酒的衬衫和领带，甚至只是要你帮他买好吃的盐酥鸡，帮他盖被子，看着他入睡。就这么简单而已。

当他和你在一起的时候,你不需要你再像个老师对他说教,什么是对什么是错,该做什么不该做什么,这些道理他都懂,你不需要批评他,也不需要帮他做决策。所谓的真理、评论、逻辑,他在成人的世界里听得够多了。当他和你在一起,他只想变成一个能飞的彼得·潘,你就好好扮演他最喜欢的温迪,不要问他为什么能飞,也不要问他要去哪里,把你的手交给他,和他一起快乐地去玩耍去冒险,那就够了。

换句话说,如果你的男人从来不曾在你的面前流露出幼稚的那一面,他不曾对你撒娇、耍赖、装可爱,那你可能要先试着自我检讨:为什么,他无法在你面前当个小男孩?

是你对他太过严格了?还是你太过正经了?你对他总是要求多于赞美,实际多于浪漫?以至于当他都到了你的床上,他还没办法让自己流露童真,装疯卖傻讨你欢心?

无论再怎么成熟坚强的大男人,必然都有个小男孩需要被理解。就拿我怀第二个孩子这件事来说,我和丹尼尔是自然主义者,对性别没有特别偏好,也因此准备怀孕前,什么青菜牛肉酸性碱性这些法则全没在意。但等到真的怀上了,也忍不住在茶余饭后猜起胎儿的性别。

"说不定是男生,因为我怀米米(女儿)的时候比较爱吃甜的,但怀这胎后每天都好想吃牛丼饭(牛肉盖饭)哦!"我漫不经心地猜。

"那怎么可以?我不要男生!"丹尼尔却突然这样说了。

"你不是说男生女生都可以吗?"已经播了种,现在要换性别可来不及了,老爷。

"话是这么说没错……可是,家里只可以有我一个小男生,怎么可以再来一个小男生!"丹尼尔吃醋地说。

所以说，男人即使成熟了，当了丈夫也当了爸爸，他偶尔还是想当一下小男孩，看到喜欢的东西会特别兴奋，沉迷在你无法理解但他觉得超有趣的事物里（可能是计算机或是运动），遇到没什么的小事却气得要命……但同时，他也会对你说出外人难以想象的低级笑话，做出幼稚的动作对你撒娇，像个小孩耍赖要你做菜要你陪他睡觉，他用任性来试探你有多爱他。

这，不也挺可爱的吗？

以征服为乐的男人

> 男人喜欢有点"难度"的事物。
> 如果这件事对他们来说完全没有难度，他们就会变得兴趣缺乏，或是连做都不想做。

"炫耀是男人的天性"，征服也是，所以男人以征服女人为成就。

这不是对男人落井下石，只是仔细想想，我认识的男人里，完全没有"征服"欲望的人，还真的没遇见。

不管他们"征服"的客体是什么，总之他们就是以"征服"为乐趣。可以是女人、是工作、是成就、是收藏、是嗜好，甚至是海、是山。性别符号里用"箭头"来表示男性，不是没道理的，那只小箭头不只是阳具，也意味着男人天生的侵略性。

曾经有个男人跟我约会，接吻之后他竟在花前月下对我说，你是"北一女校"的耶。

什么？所以你是因为这个在沾沾自喜吗？什么跟什么啊。

何况，那时候的我都已经从北一女校毕业 N 年了，你还把这当成是你这次"征服"的条件之一，难不成你以为你自己还是高中男生吗？

这也太好笑了吧。

还有，曾经跟另一个 ABC 男（在美国出生的华裔）约会，他说："嗯，你的学历应该很符合我妈的需求。"

听了真不知道该为自己感到高兴还是悲伤，原来我刚好会念书考试这个专长，还可以让我在"婚姻人力银行"的履历表上加重计分。说真的，如果这男的说"你的学历很符合我的需求"，听起来都比"符合我妈的需求"要好听一点。至少我会觉得这男人有点骨气，是他在挑老婆，不是他妈在挑老婆。

老婆可是要跟你同床共枕五十年以上的人呀，这么重要的选择怎么可以让妈妈帮你选咧？还真是妈妈宠的孩子呀。

另外，最想令我叫他"靠"边站的是，当时我还在他公寓的厨房炒面做晚餐呢，他竟然不是称赞我做的面好吃，而是扯我的学历什么的。哦，我明白了，您的意思是说，能够不花一毛钱请到我这一位社会学硕士来为您炒面煮饭，是您的"征服"本事非常厉害吗？

我和 ABC 男约会了两三个月，一直以朋友关系互称，理论上是他在追我，但我以后回台湾工作而转为远距离的朋友关系。后来他做了相当过分的事，我便把他列为拒绝往来户。要说的重点是，当我不理他之后，他竟然又对我说：

"你真的很适合做我老婆。"

"我很想你，你真的很棒。"

他说出这两句告白前，我很自豪地告诉他："我有男朋友了。"

让我们重推一次这件事的逻辑，我没男友时想跟他做朋友，然后他对我很过分，等到我有男友之后，他才摆出和善的态度说想念我。

果真是狗屎加三级，说到底，就是别人家碗里的饭看起来比较好吃，别人在看的报纸比较好看，别人家里的花比较香。要是我能把别人家的东西抢过来，那我可就真的是"征服大王"了呀，岂不痛快！

男人喜欢有点"难度"的事物。

如果这件事对他们来说完全没有难度，他们就会变得兴趣索然，或是连做都不想做。

举例来说好了，煮饭、洗衣、扫地、拖地、洗碗，这些事很困难吗？不困难啊，好手好脚的人应该一学就会吧。但是，这些家事，跟追求对象、加薪、搞定程序、冲上浪头、减掉腰间肥肉相比，后面这些听起来有挑战性多了。

一个男人可能会跟同事炫耀："嘿，我只花三千块把我家的CPU升级，跑起来特别爽。"

我想应该没有男人会炫耀："嘿，我只花一小时就把我家的地板拖得干干净净。"

所以不要怪你家的老公懒散，他只是比较想要把他的力气浪费在"有征服快感"的事物上。比方说搞定计算机主机，提升音质，修好电器，甚至是照顾好一排花草。他们会很热衷在"硬设备"这类的事物上，即使有时候你真的不懂到底有什么差别。

男人对女人当然也一样。

男人不会去挑战完全没可能的女人，比方说如果自己长得不是最帅最高还要去追系花，要是追不到只会成为笑柄。所以大家都会发现，只要女生一被冠上"班花"或者"系花"，你的桃花生涯就告终了，因为这意味着没有男人会来追你，大家只会把你当做一朵莲花，摆着好看，供人欣赏。

桃花最多的永远是"中等美女",就是稍有姿色但不是班花系花级的人物,她们可能有一点可爱,有一点女人味,她们在团体里不会最出风头,然而当你好好去深究调查,就会发现她竟然一个学期可以有五到十个人追她,其中不乏不自量力的,什么货色的男生都有。

这些男人或许不知道彼此的存在,但知道了更好,为什么?因为这代表她还有其他人要,有点难追,可是她也没有系花那么漂亮那么有钱那么高不可攀,所以她的难度比系花略低一点,可是还是有难度的哟。如果我追到,而你没有追到,就代表我还是比较厉害啦,而且我打败了九个人啊,想到这做梦都会笑。

或者是去追"别人的女朋友",这个一定有难度的。

这代表着她已经是"某人的",你得比她男友更厉害,更帅,更有钱,或更风趣,才能把她抢过来,不然除非那家伙是个烂人,她为什么要跟你在一起?

要是她男友的条件都比你好,她还抛弃那个男的跟你在一起,你一定爽呆了。因为你得到的"征服快感"比去追一个没男友的女生更高一阶,她可是为了你,就是你哟,放弃那个帅哥男友还是有钱男友才跟你在一起的。

成为征服优胜者的男人有种特色,他会一直强调,"我的条件很不好"。

"我长得又不高。""我家没钱啊,我爸也不怎样的。""她男朋友真的很帅。""跟我在一起有什么好的,我什么都不能给她。"

如果你以为他真的在贬低他自己,你就错看了这男人,他其实是在暗褒他自己,总结就是"像我这样的人,她也愿意跟我在一起啊,嘿嘿"。

还有一种，这种难度很高，是追求"比较不爱我"的。

你以为这种男人脑袋烧坏了？不是，因为她比较不爱我，所以如果要让她爱上我，这也是某种形式的征服啊，一旦搞定男人就更有成就感啦。

以前在大学的时候，我就常见到这种悲情的学弟，而且还好几个。一开始我真的不解，学弟运气这么好，还有学妹在暗恋（或追求），而且这学妹算得上系里或社团里面比较出众漂亮的女生，可这学弟既不上心，也不领情，只爱那个不喜欢他的女生，那个女生长相只算尚可。

悲情学弟会陪那个不爱他的女生上图书馆，载她去补习或回家，从事各种男友应尽之劳务。而这女生要不是男友在外系或外校，要不就是她也在苦恋另一个不爱她的男人。

总之就是形成一种苦恋的食物链关系，被追求的一方总不领情，真是恋恋相报何时了。

以前我也曾遇过这种状况，男友爱我比我爱他多很多。我好多次想跟他分手，但他都说：

"只要你在我身边就好。"

"那我不爱你，你也没关系吗？"我问。

"没关系。"

"这样到底有什么意义？"

"我们就是在一起啊。"

我是真的很不懂。后来我才发现，当我越想把他推开，他的战斗意志就越强，他很清楚我已经不爱他，却还是不肯放弃。对我来说这不是真爱，因为他只想征服我而死守着，他根本罔顾我的需求和感受，活在他自己构筑的战场里。

而我只是那个他想要而得不到的战利品。

所以如果你告诉一个男人你不爱他，而他还死守着不肯离去，你如果以为他就是真爱你的人，那倒未必。

有时候连他自己也分不清楚，他是真爱你，还是只是爱着"爱着你又爱不到"的这种感觉。

真正的爱情里应该没有征服。那个男人遇见你，他就是想天天见到你，想和你一起做很多事，想帮你遮风挡雨，他不在乎你是不是班上最漂亮的，也不在乎你是不是有别人追，他甚至可以不在乎你的过去。

他只在乎一件事，就是你是不是也用同等的重量爱着他。

这样的男人，如果你伤了他的心，他会头也不回地离去。

当你看着他的背影，你才知你失去了一个真爱你的人。

炫耀是男人的天性？

> 举凡表、汽车、酒、音响、女人，各种称得上雄性世界之玩物的，都适用以上的法则。
> 收藏，然后展示，这就是男人的天性。

男人爱炫耀，这件事是从观察我女儿开始的。

今天早上送女儿去保姆家，出门前她坚持要抱那只她最爱的小熊，那是她一岁半的时候，自己在宜家挑中的玩具小熊，巧克力色、毛茸茸的。

慷慨的亲朋好友长辈，甚至是女儿的表哥表姐们，从她出生开始就送了很多绒布娃娃来，其中有好几只也很受她的宠爱，但就唯独这只小熊，跟她形影不离。刚睡醒的时候，想撒娇的时候，要睡觉的时候，出门的时候，她都会抓着这只小熊，因为这样，还弄丢两只过，还好宜家是大量生产的工厂，目前持有的这只是小熊三号。

我看着她抱着小熊，心满意足的样子。说真的，那只小熊对别人来说，一点意义也没有。小熊很可爱，看了就觉得开心，小熊抱在怀里，感到舒服而且安全，一只六十九元的小熊，在这个年头比一个排骨便当还不值的小熊，却被她视同宝贝般地爱护着捧着。

这种不可思议的行为，实在和一个女人痴恋着她心爱的男人，无太大分别啊。无关乎那男人在社会上的客观价值，爱上了就是爱上了，管他是秃头还是胖子，爱上的时候，不管怎么看，都觉得天下没有一个男人比他可爱。

就跟小熊一样。

这和男人炫耀的天性有什么关系呢？

同是两岁的小孩，我女儿抱的是一只小熊，我姐的儿子，在两岁的时候抱的是一台汽车，或是一辆最流行的汤玛士小火车。现在的两岁小男生，可能还会抱着一只变形金刚吧。

丹尼尔说，男生才不是抱着呢，那个变形金刚对一个小男孩来说，是收藏，而且是为了展示。

收藏，然后展示，这句话才是重点。

举凡表、汽车、酒、音响、女人，各种称得上雄性世界玩物的，都适用以上的法则。收藏，然后展示，这就是男人的天性。

当然，每个人的"收藏"定义不同。我认识一位以登山为乐趣的老师，以山为名的书写过不少本，他的收藏就是"山"，爬越多座，爬越高座，他就越有成就感。他辞掉工作，不谈恋爱，全部的时间和精力都用来爬山，这是他收藏山的方式。写书一本接一本，乐此不疲，这则是展示方式。

以前念人类社会学的时候，我认为性别是社会建构造成的，给女生穿裙子，给男生穿裤子，于是造成女生是女生，男生是男生。可是自从有了女儿之后，我发现，她爱粉红色、Hello Kitty、娃娃等软绵绵的东西，对车子和硬邦邦的玩具没兴趣，这并不是后天造成的，而是她自己做的先天选择。

我有两个外甥和三个外甥女。这两个外甥，一个爱汽车，一个爱火车。爱汽车的那个，三岁的时候光看车尾，就能指认出 Benz 和 BMW 的不同，四岁的时候在地下停车场，拉着我姐去看一台保时捷跑车，还大声地说：

"妈咪，这台就是我想要的！"

"妈咪要是有钱，我也很想要这台。"劳碌的姐无奈地拉走了眼睛发亮的儿子。

爱火车的那个也不遑多让，两岁连话都说不清楚的年纪，却可以有如指认亲属般地，一台一台地念出汤玛士小火车的名字。前阵子，带着女儿到姐家玩，这个刚满四岁的火车小表哥，见到有美眉来访，自然不能错过这个"炫耀"的大好机会。

火车小表哥非常热情地把收藏的汤玛士小火车 DVD，在地上一字排开，然后挑出他觉得最好看的一片，硬是切断了他八岁姐姐的公主卡通，要爸妈为他播放最心爱的汤玛士卡通给来访的美眉，也就是我女儿观赏。

可惜，女生毕竟是女生，我女儿只对公主有兴趣，她在沙发上无奈地托着头，看着一台台火车在那边自言自语，感到无聊至极。

所以，男人们请注意，带你喜欢的妹回家，不要急着展示你的收藏。不有趣的收藏容易弄巧成拙，在此再举一例。

大学的时候有一次和一位学长出去吃饭，吃完饭之后到红茶店小歇聊天。他兴致勃勃地拿出好多盒幻灯片，是他去登山的时候拍摄的，学长还准备了小型幻灯片机，让我欣赏这美丽的大山大水之景，同时他便在一旁口沫横飞地解说。

　　说真的,那次真的很令人印象深刻,尤其没想到这些美丽到不可思议的山水美景,竟然全出自台湾的深山中,让我非常感动。

　　只可惜,凯莉向来走的是标准懒散都会女子路线,闲暇时只喜欢做些看书看电影唱歌等轻松事,最多就是到擎天冈踏青或是到海边玩水。爬大山需要事前锻炼体力及意志,因此从未被列入我的人生必做清单之中。那晚,边看着这些美丽的图片,边暗忖着该不会下次见面他就约我去爬山?看来我俩应是不同路之人,以后还是别让他有过多期待才好。

　　再回到男人追女人这件事上吧。

　　我想应该很多女生跟我有相同的经验,某次开开心心地和朋友聚会,某个男的却带了一个跟大家都不熟的妹来,如果她还刚好坐在你旁边,那就尴尬了,你到底是要跟她热络地聊上几句?还是要装作没看见,继续吃你的饭、唱你的歌咧?

　　以前的我比较善心,看那个妹跟大家一脸不熟的样子蛮可怜的,我就会尽量跟她抬杠,试着聊几句,让她觉得我们这些人不是太拽、太难相处,而且重点哦,我对带你来的那个男的没兴趣,你要跟他怎样我不介意。

　　年纪越来越大之后,我开始厌恶这种帮兄弟照顾玩具的感觉。他带妹来,又不见得是要她当女朋友,可能就只想跟她玩一夜啊,而且有的男生明明就有女朋友,还是在跟某个不在场的女生搞暧昧。今天明明是我们朋友自己的聚会,带什么莫名其妙的妹来,真是破坏气氛,我又何必陪她聊天?她无聊是她家的事,我可没有义务照顾你的妹,就像我没有义务帮你洗车、帮你保养音响一样。

反正，都是男人的收藏。你的玩具你自己照顾，好啦，好棒哦，她很漂亮啦，我们有看到你的收藏了，这样应该就够了吧？

他为何不想结婚？

> 我们常常会忘记，我们是平凡的人，在谈平凡的恋爱。
>
> 我们老是错认或高估自己和对方，是一对金童玉女，王子公主，天作之合。
>
> 事实上，她没有那么完美，但是你自己，也不是完美的人。

数年前成为谈话性节目《今晚哪里有问题》的客座来宾后，我偶尔会到内湖去录像。如果顺便来到科技园区这一区，遇上午休用餐时间，我总会观察一下路上的行人，尤其是那些熟男，你几乎很快就能分辨他们的工作，穿着整齐衬衫或西装的是业务，穿着Polo衫或称不上有风格的是工程师。

在这充满雄性激素的不毛地带，我想象着，他们之中，有多少是已婚或有女友的，又有多少是单身的？而这些单身的熟男，每天工作到天黑才离开公司，有时甚至连晚餐都在公司吃，回到家，当当沙发马铃薯，上个网，就洗澡躺平了。

他的生活，除了工作，还是工作，他或许知道总统是哪位，甚至还说得出，最新型的手机哪款最好用。但当你想跟他聊点别的，例如台北市的哪家店的生鱼片还不赖，或最近有部电影真的很好看……哦，不好意思，他可能很难跟你搭上腔。

我想象着，如果我就恰巧认识了这其中的寂寞又无聊的单身熟男，我会想把我哪一位单身的姐妹或好同事介绍给他吗？

答案是，可能不会。

我之所以会这么残忍，是有前因的，先让我们分享一个发生在多年前的案例。当时我还在出版社上班，和我们出版社同层楼的对面，是一间知名的外商科技公司。彼此常常在电梯里不期而遇，出版社女多男少，而科技公司男多女少，终有一天，双方兴起了周末联谊的约定。

当时我有男友，而我也不是把自己装成"伪单身"，不停在骑驴找马的那种女人，所以我很有良知地没有去参加联谊。星期一早上，我非常兴奋地去探问她们联谊的状况如何，首先，我看到了一张大家的合照。

"有几个长得也蛮可爱的嘛，而且他们不是很多人都还去美国念过书吗？应该水平还不错吧。"我说。

"嗯……是啦。"同事A显然不是很兴奋。

"然后呢？你们都聊了些什么？"我这八卦女，超级想知道现场的实况转播。

"我收到一张名片，上面写着'线性工程师'，呃，我们的话题，就在他的工作里迷路了。"同事B说。

"啊？"线性工程师，我也很疑惑那是什么。"那不重要啦，后来呢？"我问。

"然后他问起我的工作，我说，我下一趟要去埃及。"

"嗯，听起来有个开始，不错啊。"

"可是，当他问我，'去埃及要带什么东西'的时候，我就冷掉了。"同事B露出一个乏味的表情。

那次联谊，虽然现场气氛还不至于到冰点，但事后，双方人马却很有默契地不再联络，不要说交往，连当朋友的感觉都没有。

熟女们不得不接受一个残酷的事实，那就是，并不是在街上撞上一个长得可爱条件不差的单身熟男，就有机会来电。当彼此的生活和兴趣落差太大，就算他长得像阮经天，你还是没有勇气去当他的败犬女王。

这才是满街的单身熟女和单身熟男，男未婚女未嫁却配不出成果的最大原因。

现在的女人比以前要求更多，标准更高，男人长得俊会赚钱没有用，穿衣服挑餐厅得有点品味，品味差一点，但人不能乏味，至少言语不无聊，随便讲两句话还能逗你开心，这才有续杯的可能。

如果你不能心动到让我觉得非你不可，我为什么要跟你回家，帮你洗内裤晾臭袜子，忍受你的怪癖好或坏脾气，当你的老婆呢？

以上，是属于"生活乏味"单身熟男结不了婚的可能原因。那么，如果"生活并不乏味"的单身熟男，结不了婚又是什么问题呢？

某日中午，我刚结束一个剧本的数据搜集采访，打电话给我一位认识多年的学长L，约他共进午餐。L也在内湖科技园区上班，年过三十五岁，工作稳定，刚买了自己的房子，请好友设计师装潢，还为新家订购了一套名牌音响，生活里什么都有，就是少一个女朋友。

L绝对是个百分百的异性恋男人，他的生活品味，也已经胜过许多无趣的熟男。他在大学时代，长期在民歌餐厅驻唱，弹得一手好吉他，能写谱写歌，讲起音乐头头是道。没看过的电影，没吃过的美食，你讲给他听，他至少也还听得津津有味，时不时接上两句妙语。

这样幽默有趣的熟男，竟然已经单身一年以上？简直令人匪夷所思。难道，全台北市的女人，你就没一个看得上的吗？

我和L刚在一家时髦的日式料理店坐定，我便问他，前阵子和他似乎有点机会的那位小姐，现在进展如何了？

"没了，是我的问题。"他用湿毛巾擦了擦手。

"为什么？你不是说，你只要再加把劲儿，她就是你的了？"我追问。

"话是没错，但我发现她太安静了，也很没主见，我几乎可以预见，如果在一起的话，可能会蛮无聊的，所以我对她就没兴趣了。"

原来，不只熟女嫌熟男无聊，熟男们也很挑剔啊。

L有一群从高中时代就结拜的换帖兄弟，这群学长们，好几位都还是未婚的异性恋男，甚而有之，有些人现在连女友都没有。我们几个已婚的学妹常开玩笑说，不知道什么时候，才能把我们这些学长都给"嫁"出去。他们长得很糟吗？不，他们言语乏味吗？也不。麻烦的就是，每位熟男结不了婚的状况，各有春秋。

最常见的一种，是我在本书《他不是不爱你，他更爱自己》里写到的。这类熟男通常有强烈的嗜好，或独特的生活品味，喜欢享乐，宠爱自己，因为太爱自己，所以很难奉献自己去爱别人。他们身边即使缺乏女友，却不缺女人，他不见得坏到去劈腿，因为你要能获得他认可，成为他台面上的一条腿，也没那么容易。

例如我有一位从中学就认识的好友，周间是上班族工程师，到了周末就变身专业的探戈老师。他去外国精进舞技，到各地去参加舞蹈节，懂得吃，又爱美酒，舍得花上万元买一双名牌好鞋给自己穿，跳舞时永远散发出一种令人崇拜仰慕的自信。这样的熟男，走入婚姻会帮老婆买卫生棉？帮小孩换尿布湿？说真的，我认为不太可能。

有的熟男，则罹患"新鲜感强迫症"而不自知。此类熟男和女友交往最长的年限通常是两年（据说人类的大脑在遇见新事物时，会主动分泌一种类似兴奋剂的"脑啡"，而对同一事物分泌的时效正好是两年），当新鲜感一退却，不知道怎么回事，她在他的眼中，不再那么鲜艳可爱，她的优点似乎都变得渺小，反倒是缺点却变得巨大，以前的撒娇、傻气、甜美，现在成了任性、糊涂和跋扈。

简单说，不只女人会把史莱克误认成王子，男人也老以为他带上床的是公主而不应该是巫婆。

这不见得是谁的错，只是我们常常会忘记，我们是平凡的人，在谈平凡的恋爱。

我们老是错认或高估自己和对方，以为自己的爱情是金童玉女、王子公主的天作之合。

事实上，她没有那么完美，但是你自己，也不是完美的人。

还有一种结不了婚的熟男，根据我个人观察，之所以当不了别人的老公和爸爸，那是因为他身上还有很强烈的"小男孩体质"。这类"小男孩熟男"有一种很明显的特质，他的行动常常飘忽来飘忽去，他会忘了跟你的约定，不见得是蓄意欺骗，也不是去跟哪个女生同居，当你好不容易逮到他，却发现他可能只是一个人跑去哪里散步或是逛街了。

就像小男孩玩到忘了回家，忘了写作业，忘了带彩色笔上学，他不是故意的，一切的一切，都只是因为他还是个小男孩。

前几年有部很红的日剧《熟男不结婚》，我和老公在家里看得哈哈大笑，阿部宽把一个龟毛建筑师的生活和怪癖，演绎得恰到好处。阿部宽饰演的男主角，身上就是有很强烈的"小男孩体质"，他走路的时候，会不自觉地跳着脚，或把手敲在铁桥上，发出当当的声响。他甚至会一个人准备点心到顶楼看烟火，一个人在家玩大富翁，那种很认真地要去完成什么的态度，就像一个自我意识很强的小男孩。

这部日剧也是我许多单身熟男朋友的必看圣经，他们平常几乎不看台湾偶像剧，有的甚至恨透了韩剧的花美男和悲剧情节，却在口耳相传下，特别抽空把《熟男不结婚》看完，可见这部戏有多深得熟男们的心。

但是，有一次我和两位单身的熟女姐妹淘，分享起这部日剧的时候，她们的反应却是：

"什么烂戏嘛，那男主角我看了就想扁他！"

"看不到一集我就看不下去了，越看越火大！"

本来我是想让她们藉由这部戏来了解熟男的心理，没想到却意外踩到地雷，吓得我不敢再称赞这部戏有多好看了。唉，看来要缩短单身熟男和单身熟女之间的认知差距，还有一段很长的路要走啊。

熟男的真心话

> 现在的真爱到底在哪里?
> 而愿望就是这么简单而已。他只想找个对的人来陪。

我的两位熟男好友,年过三十,未婚,工作稳定,收入不菲。这两年,他们不约而同有同样的遭遇——和交往多年的女友分手。

分手这件事,对于年轻人来说或许就像转学或搬家一样,痛苦,不适应,再怎么样总会过去。然而,对三十岁以上的中年人来说,分手这件事会带来意想不到的疑惑和恐惧:

"我会不会再也遇不到对的人了?"

失恋的感觉好比断刀。同样是脚断了一段,年轻人开完手术之后,论体力论骨骼,恢复能力都比年纪大的人要胜一筹,没几个月,又是蹦蹦跳跳一尾活龙,断过的脚仿佛没事一样。

然而年纪越长,恢复能力就越差。石膏明明拆了,医生也说可以正常使用,但是断过的地方再怎么走都觉得怪怪的,心理上还产生了阴影。不敢激烈运动,不敢过度使用,就怕同样的地方还是会受伤。

熟男的现实生活又往往比年轻男生来得忙碌。

忙着工作，忙着赚钱，忙着应付老板，忙着帮下属擦屁股，忙着照顾年老或生病的父母，种种的现实生活，压迫得中年人每天回到家，只能累得瘫在沙发里转遥控器喘息。

他们的生活有时跟流行趋势脱节很严重。你问他总统是谁他或许答得出，你告诉他F4红遍亚洲，他问你那是一种赛车吗？你想跟他谈点工作以外的什么，他沉默半天结果听到他呼呼的打鼾声。

但是，单身的他们，又那么想要谈个认真的恋爱。

或者说，他们看着周围成家有子的朋友，真的很羡慕。他们想要回家的时候面对的不是啰唆的老母或者冰冷的墙壁，他们想要闻到热腾腾的饭菜香，想要听到小孩子的嬉笑声。他们想要晚上睡觉的时候转身就能抱到亲爱的老婆，想要跟客户聊天的时候拿出手机桌面的小孩照片来炫耀，这是我女儿，我是个有家有肩膀的成熟男人。

他们很真心，真心地，不是只想跟你上床玩游戏，而是想把你带回家给他妈妈看。

问题是，他们必须坦承，现在的他没有二十岁的他那么精力充沛。他们无法像二十岁那样，你随时一通电话他就奔到天涯海角来找你（由此我们可知过度浪漫的言情或网络小说害人多深），他们无法像二十岁那样，费尽心思筹划多时就只为了弄个超级浪漫的惊喜逗你开心。

不是因为他们不喜欢你，而是因为他们真的很忙，忙到没有多余的体力跟脑力。

如果你逼问他以前为他的前女友做过什么，听完之后你一定觉得生气。如果你问他愿不愿意为你做更多牺牲，他说如果有时间他一定愿意，你听来高兴细想后却更生气，因为你知道他根本就不可能有时间。

他们自己，也会怀疑他们是不是失去了爱别人的能力。

"如果我很爱她，我不是应该会有很多冲动吗？爱情，不应该就是轰轰烈烈的吗？可是为什么现在，我都不会有那种感觉了？"

中年男子眨着眼睛问我，我拍拍他的肩膀：

"兄弟，我们都不再年轻了，你要明白，人谈的恋爱永远不会一样。三十岁的恋爱，怎么可能跟二十岁的时候一样？就像你现在会喜欢的人，也不可能会跟二十岁的时候一样了。"

"那我到底该怎么办？我觉得好累，我不可能再像二十岁的时候恋爱，跟一个人慢慢从认识、暧昧、经营到结婚，光想我就觉得好累。"

"你可以跳过暧昧，直接从交往开始啊。"这是我跟丹尼尔交往的模式，当年，我二十七岁，他三十二岁。

"我现在终于明白，什么叫做以结婚为前提来交往了。"熟男叹了口气。

"如果对方跟我们同年，你这样跟她说她说不定很高兴，但是如果人家是二十出头的女生，你或许会把她吓跑。"我回想起二十岁时交的男友跟我求婚，我只觉得他脑袋有问题。

之前有个熟男交过一个小他八岁的女友，两人远距离恋爱，女友每天拍自拍上传网络相簿叫他去看，还说："这样你就可以天天看到我了。"

女生自以为可爱的举动，熟男的解读是这样的："她每天都自拍耶，在捷运站也拍，去吃饭也拍食物给我看，你不觉得很奇怪吗？"

我大笑不止，告诉他："欧吉桑，你要知道，这就是现在年轻人沟通的方式啊。"

熟男比谁都想谈恋爱，只是他们从来不知道恋爱竟然会随着年纪增长，而越来越难。

　　他们不见得缺乏恋爱机会，只是谈过几个之后，最伤脑筋的就是发现曾经沧海难为水，他的沧海可能已经嫁为人妇甚至孩子都生了几个，而他依然还是单身。

　　他们很认真地要尝试一段真爱，只是深入之后要是发现没有冲动跟对方携手共度一生，或许尽早拜拜别再浪费彼此时间比较好。

　　他们每分一次手就感到更加疲累，然后巴不得这世上有种机制，每遇到一个新对象就能立即测试出这个人跟你到底会不会合。

　　如果自己有几分经济实力，还要担心对方是不是为了钱才跟自己在一起。莫名其妙怀念起学生时代的女朋友，她从来不嫌我没钱没车没这没那，她真的爱我我也真的爱她那时候有多快乐。

　　现在的真爱到底在哪里？

　　而愿望就是这么简单而已，他只想找个对的人来陪。

男人真的想追您吗？

> 如果他要追你，不能见面的话，至少一周给你打电话两次以上。
> 如果低于这个数字，那你就不用替他找借口了，"他可能很害羞"、"他是个宅男"、"他太累了"。
> NO NO NO，这些都不是借口，答案是，他没打算要追你。

像我这种已婚生子的女人，又以写剧本及小说为业，现在生活里最大的乐趣，莫过于听别人的故事。而且，尤以未婚人士的恋情萌芽或是暧昧阶段最吸引我，毕竟，为人妻为人母的我，已经丧失和别人搞暧昧的权利了。

前阵子，某单身女性好友S把她最近交的"新朋友"状况告诉我，接着问我："你认为他这样最后会怎样？"

我很快下了一个结论：

一个男人一周内约你两次以上，他就是要追你，他要追你，就是要牵你的手，把你搞上床。如果他不是要把你搞上床，他就是个gay，他想把你当成他回家交差的幌子，最恐怖的是，他想把你娶回家，当永久的幌子。

啊，那如果他不是要娶你，也不是 gay 的话，我说呀，这种人是最下流的，他就只想跟你搞暧昧，看是纯粹的言语暧昧，还是有点肉体暧昧，这种人又是怎么回事？就是把"让别人喜欢自己"当成志业来经营的。

有人问，难道男女之间没有纯友谊吗？有的，那是在你们认识超过相当的一段时间以上，你可以跟此人共睡一房，隔夜醒来你是你，他是他，你不会跑到他的被子里，他也不会私下偷窥你。

即使你们两人之中有一人失恋，大醉，正是抱着对方痛哭一场，甚至顺便乱搞一通的好时机，你和他，还是什么事都没发生。

这种人，若是男人可称之为"兄弟"，若是女人可称之为"姐妹"，重点是，你的"姐妹"会没事一周内约你两次以上吗？应该不会吧。

也就是说，如果你的"姐妹"，或者说你的男性好朋友，一周内约你两次以上，那么你就要注意啦，你们的友情正在变质中。

你们两人的对话可能如下：

"你下课（班）后要干吗？"他问。

"没干吗，我要回家。"

"那我去接你好不好？"哟，干吗这么好心，几百年都没来接过你一次。

"不必啦，我自己回去就好了。"你依旧毫无防备心。

"那你明天要干吗？"问到明天了，这一定有古怪。

"没啊，我要去某地，跟某人有约。"

"我可以送你去。"警铃大作了，这男人到底在打什么算盘？

很简单啊，他就是要追你嘛。

可是，你会问，但是我们之前都是好朋友啊，我们认识那么久了，他干吗突然要追我？

男人就是会这样啊,很寂寞很无聊的时候,认识不到新女生的时候,也是会从身边的旧货挑起。何况,与其去把一个不怎么熟可能误会一场的新女生,不如从身边熟识的已经了解对方的把起。搞不好,认真一下的话,是真的可以长期交往看看。

以上的状况,是指男人是你的旧识而言,如果他是你新认识的男人,反过来说好了,如果他没有一周内约你两次以上,我想,他对你可能没兴趣。

有的男人很忙,真的很忙,他可能困在无菌室或开刀房或某个暗无天日正在赶工的厂房里,久久才能给你打一次电话,或者,他必须连续工作十几小时以上,下班的时候,已经累到连脚都抬不起来了。

所以你不能怪他,他很想约你,只是没有时间跟你见面,这情况属实。

但是,如果他要追你,不能见面的话,至少一周给你打电话两次以上。如果低于这个数字,那你就不用替他找借口了,"他可能很害羞""他是个宅男""他太累了"。NO, NO, NO,这些都不是理由,答案是,他没打算要追你。

还有一种状况,就是他可能有女朋友(甚至老婆,这年头浑蛋也不少),但是他还一周约你两次或打给你两次以上,而且他似乎和女友感情稳定,没打算分手,那这种人,到底要干吗?

就是排遣无聊啊,老夫老妻的生活他已经过腻了,他要在平淡中寻找刺激,在枯燥中创造生机,而你就是他沙漠中的小绿洲,三餐饭后的小点心。

要命的是,这种男人通常很有才华,身怀绝技。他们通常具有阴性特质，跟一般男性相较更为优雅斯文，因此容易为女性接受，以为他是风度翩翩的君子，其实不然，他是标准"披着羊皮的狼"。

如果你动心了，或是把他的"接近"当成一回事，那就中了他的计了。

这些羊皮狼骨的男人最为狡猾，通常不会留下任何明显的证据证明"我喜欢你""我在追你""我想和你在一起"，极尽暧昧之能事的政治性言语是他们的专长，比如：

"我真的很欣赏你。"（什么人都可以说这句吧。）

"或许，我跟你很适合也说不定"（假设性问题，狡猾！）

"你跟我以前遇过的女生都不一样。"（那又怎样？你又不是他的女朋友。）

"你觉得这个好吗？"（把你带去逛家具店或服饰店，买东西还问你的意见。）

你一定会想，他为什么不跟他女朋友（老婆）一起做这些？而是跟我？是我比较特别吗？

亲爱的姐妹，你一点都不特别，他跟你一起做这些只是为了满足他那胃口奇大无比的虚荣心，跟你一起比较有新鲜感，跟你一起会有不同的乐趣。

他是为了他自己，至于你是林志玲还是樱桃小丸子一点关系都没有，当然，美女还是有加分啦，这是很残酷的。

如果你睁着眼问他，你到底想干吗？他百分百会无辜地跟你说："我只想跟你做朋友。"

他其实想跟你玩玩，没有更高的追求。

当男人拿自己的女友说事

> 下次如果你也遇到一个男人说他老婆（女友）不喜欢你，你应该知道怎么办了。
>
> 如果你对这男人没一点意思，那就离开他，越远越好。

接到一封很有趣的来信，是女性朋友 A 转寄的一封其男同事 B 的信件。

信件内容大致如下：

"在那日的聚会之后，我的女朋友因为我对你说话的口气温柔，而感到非常不高兴。我不知道该怎么办，你可以给我一些建议吗？"

接着，此男还在夜间 10：30 打电话来，问说是不是可以出来谈一下。

我很快地回信，很简单嘛，此男就是要追你啊。

当贼的人喊捉贼，天底下哪有男人没事情会去跟另一个女人说，喂，我女朋友讨厌你哦？

如果 B 真的很爱他女友，一定很怕女朋友误会他对别的女人有意思，尽可能离那女人越远越好，最好不要再让女朋友有误会的机会。

怎么可能还打电话（或写信）给那个引起误会的 A，然后费事地告诉她，我女朋友讨厌你哦，她误会我们了哦。

更好笑的是，明明是两个人的事，还要找第三人来商量："哎呀，我女朋友误会我了，伤脑筋，你可不可以告诉我怎么办？"

哪有这样的？我不就是那个引起你女友误会的人吗？那你还来找我商量干吗？我跟你女朋友又不熟，我怎么会知道该怎么办？

B讲的有部分是事实，就是他的女朋友真的不高兴。

但是她的怒意并不是针对A而来，而是针对自己的男友B。

天底下的女人就算再怎么愚笨，对自己的男人方圆一百里的状况比雷达都灵，哪个女的对自己老公（男友）有意思，鼻子一闻就闻得出来。

那种每天喝太多醋，没事就在误会自己的老公（男友）的女生，其实并不多，反过来说，女人侦测到的不寻常，通常都是真的不寻常。

以我朋友A的例子，她对B男完全没意思，聚会的时候也没多看B男几眼，而且她个性木讷害羞，根本不是当狐狸精的料（当然我们不能否认这世上就是有人喜欢勾引别人家的公狗，但绝不是我认识的这个A），从她这方，我们可以知道，那女的要侦测到A对她男友有意思，是天方夜谭。

所以问题很明显出在B男身上。

他打的如意算盘是，趁此机会接近A，然后顺便甩了他女友。

先把自己女友的任性跟无理取闹当成一个烦恼，找A商量，拉近两人的距离！

B当然不会承认自己对A有意思，但他确实想趁这个机会向A表明他的"意思"，不然他根本没机会接近A。

如果A也不排斥B的接近，就会把这件事当成一个认真的事，然后开始跟他讨论,这样两人不就有了更多相处的机会?

而且谈话等级一下从公事拉到私事层次,突然间,A跟B变得好像很熟!

这种把自己女友当成烦恼,来找别的女生相谈当做是追女的障眼法,不少男人爱用。

事实上,我就知道有一些男女是这样在一起的:一开始是当讨论男女朋友烦恼的好友,谈久了之后反而跟原本的分手,跟这个相商对象却在一起了。

本来我把这件事告诉丹尼尔,他是蛮乐观的,觉得这样也未必不好啊,如果那个B还不赖,就叫A趁势把他抢过来不就得了。

我则持大大反对意见,会用这种招数的男人,不会是什么好货色。如果他是个好人,跟自己女友不顺,看到一个有兴趣的,那应该先跟自己的女友分手,再去追求新的,而不是把自己的女友当成借口,用这个借口去接近别人。

人是会变心的动物,有男友或有女友了,但是却遇到更投缘的,然后劈腿接着分手,去跟更投缘的在一起,我并不反对这种逻辑。

人本来就会被更美好更有趣的事物吸引,即使是结了婚的人也一样。

差别是,把自己塑造成受害者,让自己的老婆或女友当坏人,用这样的形象去创造新恋情,这样的手法就很低劣了。

能使出这种低劣手段的人,在爱情上大概也不会是什么善类,应该是凡事以自己爽为优先、罔顾另一半感受的自私自利者。

所以下次如果你也遇到一个男人说他老婆(女友)不喜欢你,你应该知道怎么办了。

如果你对这男人没一点意思,那就离开他,越远越好。

他不是不爱你，他更爱自己

> 如果有什么事情会妨碍"我"作为生活里的第一位，那么他就会感到非常不舒服。
> 而这个最大的妨碍，就是婚姻这回事。

我曾经认识一个离婚事件的男主角。

他多金、住豪宅、开名车、有才华、有品位、又富幽默感，做自己喜欢的工作，男人想要的好条件他几乎都有，甚至有个漂亮的女人为他生了一个可爱的小孩，这种男人，如果还说自己不幸福，真的会遭天打雷劈。

然而，他离婚了。

他离婚的时候，我自己的婚姻也正经历着严苛的考验，因此，我非常佩服他的勇气。

在人前承认自己婚姻的失败，是一件多么不容易的事。尽管，或许有人会说，那你为何不想清楚再去结婚？是，我相信离婚的人，有一半或许没有考虑清楚，但是也有一半的人是考虑清楚了，而且相信自己深爱对方才结婚的。

最困难的问题是，人类必须承认，要和另一个与自己完全不同的人，一周七天一起生活，还要一起去分担柴米油盐水电费电话费网络费房租房贷，这么多令人心烦的事，再伟大再刻骨铭心的爱情，都会被"生活"这件小小的事情给击垮。

比较好笑的是，在男主角离婚后，揣测他是同志的传闻冒了出来。

虽然，他身边的人都说，他很爱女生，超爱女生，甚至到了有些色的程度。

我跟男主角近距离的接触，正好见识到他从婚前到婚后的"历程"，说真的，一开始，我对他会结婚这件事就感到惊讶。

因为，他是一个那么爱自己的人。他把所有金钱、时间都投注在同一件事上：让自己过得更爽。当然，我自己也是那种很爱让自己过很爽的人，不过，这位男主角确实是此中豪杰，应该说，简直是到了痴迷的程度。

非常好的旅行，非常好的饭店，非常好的衣服，非常好的食物，非常好的家具，非常好的玩具，非常好的，女人。

把享受最美好当成一件志业来追寻的人，自然会在任何事情上都把自己摆在绝对的第一位，也就是说，如果有什么事情会妨碍"我"作为生活里的第一位，那么他就会感到非常不舒服。

而这个最大的妨碍，就是婚姻这回事。

婚姻，或者同居，一旦你做出了这个承诺，你就等于是向睡在另一侧的那个人，承诺了某种责任。

你承诺他，你们同住的空间里，两人一起负担照顾的责任，不管是他洗衣服还是他打扫，还是你洗碗你做饭，或者有人要出钱请人来做这些，反正，脏衣服和脏杯子摆在那里是不会自动消失的，物质不灭定律，总得有人要来"做"。

你承诺他，如果他没赚钱的话，你不会眼睁睁地看他饿死在你面前，至少，你会让他可以有钱买便当买碗面，更好一点，他想买衣服买皮包的时候，你也会愿意付那份钱。

你承诺他，他晚上睡觉或是早上醒来发现你不在的时候，有权打电话过问你在哪里，跟谁去了哪里。

你承诺他，你会尊重他的感受，相对地，你也希望他尊重你的感受。不过说实话，你总是希望他给你的比你给他的多。

如果是婚姻，可能还包括更复杂的部分，比方说你承诺要照顾他的父母，把他的家人当成自己的家人看待，他妈就是你妈，等等。

而以上这些，都会阻碍一个人，一个非常非常爱自己的人，继续进行爱自己的行为。

并不是说，结了婚以后你就无法爱自己了，而是，因为这些承诺，有的时候，你不再能把"爱自己"放在第一位，顾虑床另一侧的人的感受，你会做些改变。

如果会因为改变而感到痛苦的人，或是想要逃走的人，或许，就不是那么适合结婚的人。

离婚事件的男主角，就是这样的人呀。

如果那个男人跟你说：

我配不上你，你值得拥有更好的男人。

像我这样的男人太自私了，我想，我还是比较适合一个人生活。

你是一个很棒的女人，你应该有更好的男人来疼你，我很抱歉我做不好，让你失望了。

听完了这些，你还是一头雾水：我们在一起不开心吗？我不够有魅力吗？你就那么不爱我吗？

不是的，他并不是不爱你，也不会从此不爱别人了，他只是，非常非常爱他自己。

如果，你也是那种非常"爱自己"的人，恭喜你，你们最好不要结婚。不过说不定，你们有机会成为一生的伴侣。

可是，你不能阻碍他去找别的女人，因为，这也是他"爱自己"的一部分。

如果，你是那个比较爱他的人，甚至，你希望他可以多给你一点儿。你希望他可以给你他公寓的钥匙，你希望他会常常记得打电话给你，你希望，他说的未来里面会有你。

我的建议是，去找下一个男人吧。

好男人不会上夜店找老婆

> 网上寂寞的都市人,有最便利的取暖方式。
> 你将能发掘到尚未被订走的自由人,而且这些人,可能也是和你一样正在寻找真爱的"好人"。

本文的标题毫不拐弯抹角,因此,我要先说明前提:我去夜店,也不歧视去夜店的人,对我来说,上夜店就像去 KTV 或保龄球馆,能在其中找到乐子的人就自然会去,有的人爱唱歌所以上 KTV,上夜店也是一样。

但上夜店和去其他场所相较,有一点不同是,夜店是一个更为公开的场所和社交环境。唱 KTV 的时候,你不会去敲隔壁包厢的门说要加入他们,但在夜店,男人走到邻桌去请陌生女孩喝一杯酒,应该没人会把他当怪胎。

在夜店,许多人本来就是为了"狩猎"与"被狩猎"(hunting & be hunted)而去的。我们到夜店,放松心情交个不深刻的朋友,可以玩一玩。但是,你想有更高的期望,想在夜店交个认真的男朋友,运气好一点儿还能撞到 Mr. Right。哦,我得提醒你,你想太多了,真是做梦。

因为呢，依照人类的觅食法则，好男人不会上夜店找老婆。

换句话说，你在夜店遇到的，说想真心交个女友的，八成是个烂仔，他不会是真正的好男人。

或许，好男人也会上夜店，但他是很单纯跟朋友去喝酒去庆祝的，他不是去狩猎的，也不期待狩猎谁。你在夜店不容易遇到这些纯聊天的好男人，他们躲在包厢里忙着跟老友叙旧，要不就是连看你都不会看一眼。

我想提醒各位，"欢场无真爱"这个亘古不变的真理之外，我也想告诉各位想恋爱想结婚的女人们，如果你常常在抱怨遇不到好男人，或总觉得自己跟烂仔很有缘，那么，或许该是好好检视一下你家"池塘"的时候了。

池塘是什么？就是构成你生活的"群"，也就是你的人际圈。

如果你谈恋爱就只是为了谈恋爱，你不在乎对方有几个女朋友，也不在乎能不能和他天长地久？那你不是本文的服务对象，这里不是为你的幸福筹划的。

如果你真心地想谈个认真的恋爱，也希望遇到一个 Mr. Right，他会与你计划未来，但是不知怎么的，这个简单的愿望始终很难达成。请听我一句建议，你或许得从改变你生活的"群"开始。

要怎么判断自己生活的"群"？又如何分辨别人是属于哪一"群"的人？恭喜大家，现在有一个最快捷的管道，就叫做"脸谱"（即 Facebook，一个社交网站）。

"脸谱"改变了人际社交的新模式。以前，我们在网络上要找一个人谈话，通常是透过一对一式的 E-mail 或 MSN。现在，想跟一个人说说话，或想公开自己的最新动态，只消到"脸谱"上吐两句口水，短短半天内就能搜集一堆朋友的热烈回应。

真可说是寂寞的都市人最便利的取暖方式。

我个人使用"脸谱"的习惯相当保守，只接受认识的人加我朋友，连同学的朋友这种不认识的二等亲都一概略过，如果对方不嫌弃就加入我的粉丝专页，要不看看我的博客就好。即使我一周使用"脸谱"都在三或五次以下（每次至多十分钟），我还是觉得"脸谱"是一个相当没有隐私的场域。

你可以看到朋友在哪里留言，你因而知道他原来还认识某某某，或他因为在某张照片中被标示，而得知他去参加什么聚会或活动。每个人在自己曾经待过的团体，或许都只显露出单面的自己，但"脸谱"却把所有的人际界线都模糊，也让一个人在这平台上无所遁形。

"脸谱"既然如此无隐私，它也正是观察一个人的交友与生活形态的最佳管道。

根据我的观察，一般人"脸谱"的朋友数量大约在两百人到三百人之间，这数字堪称合理，相当接近一个人手机里的朋友通讯簿名册。扣除仅在工作上往来的同事和客户，从小学累积到出社会，我们随手拿起电话就能找到对方的熟友，差不多也在一两百人之间。

但我曾看过有人的"脸谱"朋友量竟然达上千人，而且还不是粉丝专页。

如果此人不是宗教领袖，那他就是个超级怕寂寞的暴露狂（或自恋狂，天天需要上脸谱取暖）。我不相信他跟这上千人都很熟，这里头或许包含许多认识还不到一天的人。如果他可以轻易地对一千个人掏心掏肺，毫无隐私地展露自己的生活和动态，也就说明了他其实没有什么真正的知心好友，甚至是固定的男女朋友。

我们都想成为情人眼中最特别的那个人，但如果你交往的对方，交友过度广泛，亲疏程度不分，你敢说你会是他眼中最特别的人吗？恐怕很难。这无关你的家世、学历、身材，女人对他来说全是功能导向，要带去玩的挑脸正的，要上床的挑性感的，要带回家的挑学历好的。反正朋友这么多，这个约不到，再找另一个便是了。

另外，"脸谱"的朋友属性，也暴露了一个人生活所属的"群"。

我发现，玩咖（即玩乐达人，台湾人把某种极致叫做"咖"）的朋友几乎都是玩咖。你可以轻易地从他的朋友群里，发现那些人天天流连于声色场所，照片不是在夜店拍的，就是手中都有一杯酒，合照的朋友或许同群或不同群，但重点是人人看起来醉醺醺也乐陶陶，女生都是浓妆艳抹或者穿着暴露。

同是玩咖的人或许一点都不觉得奇怪，但非玩咖的人则忍不住纳闷，到底哪来这么多酒肉朋友可以一起打发时间，而且还不分平日跟周末？

有钱的玩咖，他们还多了一个称号叫做"小开"，天晓得这年头小开浮滥到只要他老爸是个卖什么东西的，他就可以被叫做"小开"。简单说，开字辈的家里多是从商，因此你会听到"马桶小开"或"五金小开"的称号。我们目前还没听过"教授小开"、"医生小开"这类专业人士的少爷被称为"开"，更不用说没人会帮谁取名"导演小开"或"编剧小开"，这类创意职业又忙又穷，哪有什么开好说！

我从来不打算特别为"如何辨别烂小开或拒绝烂小开"写一篇文章，因为会关心这类人，就代表你对那个"群"有兴趣。"气场法则"

告诉我们,你如果越有兴趣就越容易遇到这类人。简而言之,潜意识里这样的女人就是喜欢小开,喜欢有钱的男人。

烂男人和烂小开是没有分别的,他们的意义就是"烂"而已,无论他是穷还是富,都不影响他烂的本质。除非你可以不在乎他的烂,只在乎他的钱跟他在一起,那事实上你也不需要知道该如何才能甩掉烂小开,你唯一需要知道的,就是睁一只眼,闭一只眼。

所以,好女孩需要学会的,只是如何从一个男人生活的"群",去分辨他是玩咖还是正常人,是烂仔还是好男人,物以类聚,如此而已。

要是不幸,你发现你正身处于一个玩咖和烂仔很多的池塘里,偏偏你内心深处渴望真爱(而且你是真的不爱慕虚荣,你不用唬我,不要骗你自己就够),那么,你得先换个池塘,才有可能遇到好男人。

为什么我们要遇到好男人很难?因为这些人大多专注工作,认真努力,休闲的时间他们会留给家人和真正的好友,他们不会浪费时间上夜店狩猎,也不会沉溺在不实际的网络交友。他们要的是真实的爱情,真实的关系,所以他们都活在真实里,你必须接触那些也很真实的人,才可能遇到这些好男人。

怎么去开发你的新池塘?去看看你朋友或同学的"脸谱"吧。你将会再次印证我的说法,一个幸福女人的脸谱朋友,玩咖必然是少之又少,相反地,你会看到更多和她一样的幸福女人和幸福男人,有稳定的关系,愉快的生活,无论在哪个行业哪个城市,他们看起来都相当幸福。

机会来了,从幸福人的脸谱朋友里,你将能发掘到尚未被订走的自由人,而且这些人,可能也是和你一样正在寻找真爱的"好人"。当然,你不一定马上有机会认识他或加他脸谱,但是你可以丢个讯息给他，或者透过你这位幸福朋友，打听一下他的感情状态是什么。

外貌很容易影响我们对一个人的观感，这无关势利眼，而是真实的社会法则。不过，我常会劝告外貌协会的单身朋友一句："小丸子也许不是你的菜，但千万不要排斥和小丸子交朋友，因为小丸子可能会有像张钧宁这样的女神好朋友。"

这样的比喻或许很夸张，请试想一个可能发生的情境。你姿色不错，也期待正缘来临，但你相当厌恶那些只看你外表就约你出去的雄性动物，此时，有一个你相当信任的女朋友好意告诉你，她办公室有一个不错的男人，对同事友善大方，单身且不是同性恋，要不要认识看看？

我敢说，这聪明的男人，拿到的入场券，可是 VIP 席的。经过好姐妹认证的陌生男人，通常能在一开始就获得比较高的好感分数。

反过来说，换成是男女颠倒的状况，"小丸子"替换成"小叮当"，再把"张钧宁"替换成"赵又廷"（这两位跟我很熟），也是同样的情境。

你还能说，不需要跟小丸子或小叮当做朋友了吗？

当然，前提是，小丸子和小叮当也身处在优质的池塘里，你去了他的池塘，才会认识其他的好鱼。说不定你曾经嫉妒过别人的幸福，还怨叹自己条件不比人差，为何就是遇不到好郎君或美娇娘？

事实上，是你待错了地方，交错了朋友，才会总是遇到"错"的人。

想改变自己的爱情命运？先从改变你的交友和生活开始吧！

Part 4
草食男与肉食女

女人们不要一头热分析"草食男"的特征,还有遇到约你出去玩却不想你当他女朋友的男生,就把他归类为"草食男"。想了解"草食男",学习怎么进攻草食男,我的看法是,真正的男女平等需要互相尊重。

女人的那点心思

> 如果你就是那个会被叫去付钱，去接送，去干吗干吗，而你明明就觉得她没把你当回事，那你还是会接她的手机，当她的司机，话都说到这里了，你觉得蠢的人是你还是她？

因为在网络上写爱情文章的人多数是女生，因为这世上还是有很多正常而普通的男生，只是想和他喜欢的女生谈一个平凡的恋爱，所以我把这题作为一个开始，亲爱的男生，你的女人把你当成什么？

有一次我在微风广场的 Dean & Deluca（咖啡餐厅）写稿，邻桌的两个女生对话如下：

A 女：别人的男友都开车来接，我啊，就要一个人回家。

B 女：真的哦，怎么这样？

A 女：他真的很过分耶。难道要来接我这种事还要我开口吗？我觉得好讨厌。

B 女：是真的蛮讨厌的，他本来就应该自己要去接你才对。

我偷瞄了一下 A 女和 B 女，哇，有这种本钱讲这种话我还以为她们是林志玲和隋棠哩，结果……算了，我最不喜欢以貌取人了。

以上对话的重点，只是说明了，在这个现代化的年代，男女确实不平等，就因为一个没接送的事情就可以被女朋友列为罪名，男人还真是很冤啊。

这样的女生大概是把男朋友当车夫吧，我知道有些女生认为男友（或要追你的男生）来接送是蛮正常的，但是我个人却不懂，为什么需要为了一个人的交通，而浪费两个人的时间呢？

热恋期的男女，是想要花更多时间跟对方在一起没错，但是打个比方好了：我在南京东路，你在基隆路，如果我在南京东路等你来接，是花掉你的时间，假设你没有准时到，等你又要花掉我的时间。要是我直接从南京东路出发去基隆路找你，一定比较快可以见面的啊，而且你在等我去找你的期间，可能又多做了一点工作或是多回了两封mail，所以明天就可以更早下班了，这样不是很有效率，就有更多时间可以在一起？

我最讨厌等待，举凡要等待或要排队的店一概不去，等好吃的东西都没耐性了，更何况是等一个男人来。光想我就知道自己只会越等越火大，到最后还是把气发在那个可怜兮兮拼了命赶来的家伙身上。所以，"不要男人接送"这一项，我提倡列入"携带环保筷和环保袋"的节能政策之一。

最近因为有网友叫我去看一篇文章，所以我发现有些女生心中，男人除了是司机，也可以是狗，甚至是苍蝇。男人不要伤心啊，我们女生也是会被形容成是母老虎、恐龙、小丸子。其实别的女人怎么看待你一点儿也不重要，重要的是你的女人怎么看待你。

在此顺便重申一个前提，对于男人来说，她必须是"你的女人"，如果她主观不认为她是"你的",而只是你想把她变成"你的",那你就不能计较她用什么恶毒的方式对待你,她把你视为狗或是苍蝇,也是理所当然的。我必须说,对于铁了心爱着我们的男人,女人们也是感到很头痛的,比较没良心的就让男人像白痴一样纠缠着,比较有良心的才会用坦白的语言告诉你"你死了这条心吧"。

所以如果她对你说的话很毒,你应该感谢她,这代表她是真的为你好,要你不要再浪费时间在她身上。那种讲话暧昧不明,柔柔软软,类似"你好像有点机会但我也不太确定"的女生,才是最可怕的。

当然,即使是身为女人的我们,也知道这世上就是有一种女人,把男人当成司机、提款机,或者狗。她们会在结账前,把男人 call 来付钱。那个男人是不是她唯一的男人我们不得而知,然而这种故事我们根本不需要花时间理解,甚至花一篇文章的篇幅去描述,因为这种故事对大众无益。

绝大多数的人都是普通而正常的人,只想谈个平凡而正常的恋爱。知道狗的存在,只能让我们这些不懂养狗的女人睁大眼说"哦,原来有人把男人当狗养",一点益处也没有。知道狗的存在可能会对男人有点益处,"原来我被当狗了",大概有点收获?

很不幸,如果"你的女人"把你当成司机、提款机、狗,或者苍蝇,那么问题就大了。至于判断标准是什么,其实我觉得身为男人的你自己心里很清楚,如果你就是那个会被叫去付钱,去接送,去干吗干吗,而你明明就觉得她没把你当回事,那你还是会接她的手机,当她的司机,话都说到这里了,你觉得蠢的人是你还是她?

这是两相情愿啊,也是供需机制,你提供所以满足她的需求,如果你不提供,她就会去找别的男人提供。你继续问,我提供是因为我希望她爱我，或者变得爱我，或者更爱我，为爱的人付出，这难道不对吗？

对，我们永远都需要为爱的人付出，但是那是在"爱"的范畴。如果你感受不到她的爱，只感受到自己很好用，那么你已经进入"被物化"的范畴。一旦被物化，要她爱你，或者变得爱你，或者更爱你，事实上，机会很渺茫。不信你试试看，当你一旦抽掉这些服务的供给，你看看她还会不会想到你这个人。

那么男人到底应该怎么办呢？你的女人是那么可爱，你喜欢她身体的某个部位，甚至到了迷恋的程度，然而她却是阴晴不定，难以捉摸与伺候，你想知道她到底爱不爱你，你想知道，如果你试着不当司机、狗、提款机之后，她还会不会爱你。

我知道有个学长用过一个妙方。本来他家女王都要他开车去桃园，把她接到台北，学长觉得很辛苦，但是刚开始就乖乖地做，从来不抱怨。如此几次之后，有次学长不设防地突然向女王提议："你自己搭火车来好不好？"

那一次，女王说不出拒绝的理由，乖乖地搭了火车从桃园到台北。之后呢？之后都是女王自己搭火车从桃园到台北，而他们两位，据我所知是修成正果了。

即使是相爱的两人，相处也是需要不断训练的。丹尼尔还在训练我，而我也还在训练丹尼尔，我想，这样的训练会终其一生吧。如果她命中注定是"你的女人"，终究她会通过这些训练，而跟你在一起的。从你爱的女人眼中，你终于看见自己的影像不是一只狗，而是那个真真实实，本来的自己。

草食男与肉食女

> 与其去了解"草食男"跟学习怎么进攻草食男,我的看法是,真正的男女平等和互相尊重,比较实际。

第一次听到"草食男",是从一起工作的年轻编剧口中听来的。

她随口列举了几项特征:这种男人温吞被动,在面对女性时,就像一头温驯的草食动物,不主动出击,也不热衷性爱,一点威胁性也没有,于是乎被称为"草食男"。

最新一期的《VIVI》杂志,也有"草食男"的专题分析,根据那张日文图表,"草食男"的特征大致包括:

温柔,优柔寡断,身体纤细(天生就是个瘦子该怎么办),对性淡泊或者不太需要,跟妈妈关系很好,有自己专用的化妆品,优先跟男性朋友出去玩,不曾做过清楚的告白,喜欢写 E-mail(或发短信)多于打电话。

我承认,第一次听到这名词的时候,我有一种嗤之以鼻的感觉。

又来了,大概就是跟"败犬"差不多一样的分类名词,反正日本人就是很热衷创造新名词,从前几年的"A-la-fo"(日文里对 Around forty 的简称，指 40 岁左右的女子）、"败犬"（超 30 岁左右的未婚女性），到现在又冒出个"草食男"。一时之间，有关该新名词的书籍跟杂志就陈列架上，日本人偏偏是那种不追流行会死的民族，加上台湾本来就受日本文化影响深，新话题第一波吹到海外往往就是吹来这里。

尤其，看到上面的特征，更加深了我对"草食男"的怀疑，有一些特征指涉的，到底是温吞的异性恋男性，还是不明显的同性恋男性？

我觉得这需要厘清。个人对爱吃甜食、不热衷性爱这两条就让我非常怀疑。

我虽不是认为"男人一定用下半身思考"的偏激派，但是我想男性不热衷性爱，甚至不需要性爱的……我认识的是没有。没有女朋友跟老婆的，也会找机会翻一下杂志，或者在浴室里面跟自己的手指兄弟要好一下。

生理符号里头，男性就是以箭头来表示的，这代表他们的基因里有一种看到猎物就会冲过去的本能，异性恋跟同性恋都一样。

爱吃甜食？为什么我也觉得这很妙。我记得以前跟兄弟们出去玩，他们可以喝很多汽水跟奶茶（我真的不懂男生为什么都喜欢喝阿萨姆，是缅怀军中时光吗？），但是零食一定要买咸的。

喜欢吃巧克力跟蛋糕的男性（不是说那种陪女朋友吃两口的哦，是会主动说想吃的），我相信是有的，问题是，他爱的是女人还是男人？

我的意思是，女人们不要一头热分析"草食男"的特征，还有遇到约你出去玩却不想你当他女朋友的男生，就把他归类为"草食男"。

这很可能只是你安慰自己的借口。要不，他就是那种喜欢到处搞暧昧的自恋狂。要不，他就是把你当"姐妹"，等到他够相信你的时候，他可以告诉你，哪个男生就是他的菜。要不，他就是没那么喜欢你。

对于"草食男"这个新名词，我倒是发现了一个比较值得观察的社会背景跟现象。以下引用一段介绍：

创造出"草食男"这一新词的专栏作家深泽真纪分析，"草食男"在衣食无虞的时代中成长，养成不会主动争取的习惯，此外眼见日本泡沫经济以及全球经济神话崩溃，对于未来较为消极且不抱任何期待。

反观"肉食女"的出现，则可归因于男性日益"草食化"，女性不得不积极采取行动，展开求爱大作战。深泽也指出，追根究底日本职场仍是个"男尊女卑"的世界，这也迫使女性必须另辟战场，靠另一半提升生活质量。

好啦，真相大白。追根究底，根本不是什么男性优柔寡断，对性爱无所求，其实就是巨大的社会压力，造成了男性逃避婚姻也逃避爱情的结果。

日本是一个男女分权非常清楚的国家，结了婚的男人，就应该在外工作养家，扛起车贷房贷的沉重责任，即使被上司吐口水也要吞忍干下去。结了婚的女人，就应该辞掉工作在家当主妇带小孩，每天把马桶盖擦得雪亮亮，煮好一桌饭等老公回家，早上还要起床帮老公和小孩做便当，没有亲手做便当的妈妈就不是好妈妈。

结婚以后，还让老婆出去工作的丈夫，就是能力不足，严重一点，可能会被邻居、家族及公司同事瞧不起。

以上，并不是我个人危言耸听，而是事实。

我的好友裕子，在美国拿了两个硕士学位，英文流利，又嫁给宾州大学华顿 MBA 出身的老公，不管是工作或家庭的履历表，她都是接近满分的精英阶级。

当我挺着六个月大的肚子，带着家人去东京赏樱顺便找她的时候，她既惊讶又羡慕，大肚便便的我，竟然还继续着采访的工作。

而且，我还可以工作到接近生产前（虽然台湾的产假真的有点短），生完小孩把 baby 托给保姆，白天回去当我的记者，公司不会开除我，也没人会谴责我是一个没爱心的自私妈妈。

没有朋友会说我的老公能力不够，以致我怀孕了还得出来上班赚钱，大家会说双薪家庭没有不好啊，两人赚钱一起花不是更轻松更爽快？

但即使是裕子这样的精英女性，也不敢贸然怀孕，她说，如果一怀孕，老板就会叫她辞职回家带小孩。

等到小孩上幼儿园，她可能顶多到餐厅打打工（就像我们在日剧里看到的那些妈妈），要重回竞争激烈的一般职场，非常困难，就算有，也是少数。

日本就是一个这么不可思议的国家，这个社会对男女职责的刻板印象太深，以至于，大家觉得结婚生子就跟自杀一样恐怖。

对男人来说，结婚，意味着我得工作到死，可能还要帮老婆付以前她单身时买名牌所积的卡债。

对女人来说，结婚，意味着我只能守着那间小小的公寓，每天重复着擦电饭锅跟洗碗晾衣的生活。

试想，在这样的压力下，我们为什么会想要结婚？

如果男女不交换彼此的工作看看，永远也无法理解对方的辛苦和付出。

如果男生没有做过一件家事，他就不会了解，洗衣服晾衣服跟折衣服这些事有多麻烦；没有试着一个人全天候看护一个要吃要喝要睡要哭都要缠你的小妖怪，就不会了解，全职妈妈是世界上最操劳体力的工作。

如果女生没有真的在一家公司，从基层一阶一阶地往上爬，她就不会了解，那种把人推到深谷的压力是什么；没有试着做一份自己不怎么喜欢但是没有这份薪水就付不出租金跟贷款的工作，就不会了解，人为什么需要上班，上班为什么会让人这么疲累，为什么这么疲累但是醒来之后还是得去上班。

不管是婚姻，还是爱情，最困难的关系，就叫做了解。

你不了解我，我不了解你，光是这个最基本的关卡，就会产生很多很多问题。

如果我能够站在你的角度想，你能够站在我的角度想，很多事情，就过去了。

过去的意思，未必是解决，而是包容跟体贴。

想了解"草食男"，学习怎么进攻草食男，我的看法是，真正的男女平等和互相尊重，比较实际，"草食男"是普通人，没必要特殊对待呀。

附注：作为一个台湾女性，能够工作又生小孩且不受社会谴责，我感到深深的幸运。

别把"让人喜欢"当嗜好

> 这种人到底想干吗？没干吗啊！
> 就像有些人的兴趣是唱KTV，或是喝酒，这种人的兴趣就是，"让别人都喜欢上他"！

世界上有这一种人，不能忍受别人不喜欢他。

废话，每个人都想受别人喜欢啊，没有人想要被讨厌。

不过，这一种人，对于别人是不是喜欢自己，非常非常在意，甚至可以说，简直是把"让别人喜欢我"当成了嗜好。

这件事要从前阵子我身边的一个朋友说起。

偶然的一通电话，她问起我"某个人"怎么样。

A女：你跟他熟吗？

凯莉：熟？岂止是熟？我跟他睡过呢。

A女：睡过？（估计心脏停了一下。）

凯莉：嘻，我跟他一起出过差啦。（意思是说他睡一间房，我睡一间房。）

A女：哦……嗯……唉（看来已经被钓上钩了）。

先让我来解释一下"这种人"的作案手法好了。

他们喜欢玩的游戏叫"跳探戈"。一开始，他们会对你很好，对你很殷勤，很热心。本人遇到过一位王子，会大老远地去超市买鸡，然后在下雪天满脚泥泞地走两三个街区到我宿舍，还费事地用酱油和日本米醋腌肉，搞了半天弄出一道菜，满足地望着我吃下那一口。或是热心地在我的录音机里留言，说他愿意开两个小时的车载我去日本超市补货。更过分的，约我去逛宜家，好似我们是一对热恋情侣，问我觉得他公寓要摆哪一株植物较好。

就当他做完这些绝对会让你误会的事情，而你就傻傻地上了他的当，还对他表白的话（就像我这么蠢），他突然一副道貌岸然正人君子的样子，温柔体贴地告诉你："我只是想当你的朋友啊！"

"靠边站。"那时我真的很想送他这样的话，可惜我很有风度，我是读过书的淑女，所以我没有说出来。我只是把自己的头埋入棉被里，默默地掉了几滴泪。

但是如今，我已经不再是青春天真的无瑕少女了，看尽世间人情冷暖的我，那日听着 A 小姐娓娓道来，自从她认识他，到最近在 MSN 上谈话的过程。

A：很奇怪耶，你觉得那个人到底想怎样？

凯莉：不怎么样啊，他只是想要别人都"喜欢"他啊。

没想到，我的结论对 A 小姐有如当头棒喝。A 小姐说，他会对她关心，过分地关心，如果你不理他，他会更进一步，但是换你更进一步的时候，他又没有反应。

我如此回答："是啊，你放心啦，他绝对不会留下任何可以让你控诉他的证据，他一定会站在安全的界线外，玩他喜欢的暧昧游戏。"

他不敢真的去牵你的手,也不敢真的把你搞上床,不过呢,让你靠一下他的肩膀,或是撑伞过马路的时候勾一下手臂是可以的,反正,这种"友达以上,恋人未满"的行为,怎么样都解释得过去。

那,这种人到底想干吗?没干吗啊!就像有些人的兴趣是唱KTV,或是喝酒,这种人的兴趣就是,"让别人都喜欢上他"!

以上是男生的例子,这种人如果是女生的话,容我说一句比较直接的话,就是"作践自己"。

不知道为什么,我的身边老有这种女生,我的同学、学弟、朋友,也很容易爱上这种女生。她们通常不是团体里面长得最美的,但一定是最会放电的;她们通常不是最引人注目的,但一定是把男技术最高超的;她通常不是校花或系花,但是当你调查一下被她煞过的男生数量,你就会惊呼"哇!太厉害了吧!"

她们的眼神通常很无邪,她们的言词通常不犀利所以很讨喜。她们会有很多男的朋友,但没什么真的很知心的女朋友。她们跟你说跟上一个男友怎么分手的时候通常会哭,但是你却发现她其实也没那么寂寞,她现在明明有人追,而且她搞不好还跟她上上个男朋友牵扯不清。

可是,她还是会含着眼泪说,她很想要安定下来,她很渴望有人能好好爱她,更恐怖的是她会跟你说:"娶我,好不好?"

而你,其实只不过才跟她出去吃过一次饭,偶尔跟她通通电话,MSN个几次,说得难听一点儿,你连她的手都还没碰到,就已经被她迷得晕头转向了。结果,她生日,你还傻傻地去买了个什么昂贵的三C产品送她,更蠢一点的大概会去买钻石或项链什么的,你还真以为自己套得住她。

你不知道的是，你的礼物，跟其他许多个男人的礼物摆在一起，她心里还暗想，"这家伙真小气"，这就是你。

等你真正觉醒的那一天，你会气炸了，你想杀了她，很多社会案件就是这样来的，可怜的是泼硫酸还要坐牢的男人，苦苦地问她为什么！你为什么要这样对我？你为什么在别的男人床上还说你爱我？

没为什么，只因为她想要全世界的人都喜欢她。

当你爱上"史莱克"

> 这就是真实爱情啊，无论你和谁在一起，最终他都会变成一个史莱克的。

小时候，我们在有意无意中看了很多卡通，像是《白雪公主》《灰姑娘》《睡美人》这些所谓的童话故事。故事告诉我们，无论你是吃下了巫婆的毒苹果，中了魔咒从此一睡不醒，还是有个坏心的后母要阻挠你的幸福（虽然我不是后母，但童话故事总是丑化后母真糟糕）……以上，通通不是问题，因为，终有一天，会有一个王子来救你。

到了青春期，我们又在同侪的诱使下，看了很多漫画书或浪漫的爱情小说，这些总是男帅女美的故事，告诉我们，无论你多任性多无理取闹，你和他之间有多大的身世鸿沟或是万千障碍，或者你和他其实就是八竿子打不着的个性超不合……以上，通通不是问题，因为，终有一天，你会和那个真心爱你的男主角在一起。

结果，有一天你恋爱了，或你结婚了，早上醒来，你一转头，才发现你身边躺的不是一个白马王子，而是一个"史莱克"（也译为"史瑞克"，见好莱坞电影《怪物史莱克》），一个会打鼾、会流口水、肚子大大、可能头也秃秃的大怪兽。

你火大得要命，你就和第一次见到史莱克的费欧娜公主一样，气急败坏地质问你眼前的这个史莱克："嘿，我可是个公主，应该是个帅气完美的白马王子跟我在一起，怎么会是你这个怪物？"

你的史莱克无辜地摸摸鼻子："亲爱的，我就是你挑中的那个人啊，我现在只不过是把真面目露出来给你看而已，你不是说，无论我变成什么样子，都会爱我一生一世吗？"

你摇摇头，拒绝接受这个事实，你想念着你最喜欢的那个他，体贴、温柔、热情、潇洒，绝对不会是眼前这个自私、劈腿、小气、傲慢，怎么看都不顺眼的家伙。你气呼呼地想找人投诉，可能的话最好把"史莱克"给退货，换回你朝思暮想的那个帅王子，这才是你要的爱情，这才符合你对幸福的定义。

但是，我们都被骗了。我们都被那些该死的童话故事和浪漫的漫画书，洗脑了十到十五年以上的时间，我们以为那就是爱情，以为那就叫做幸福，我们对那些爱情故事的熟悉，还远远超过对自己父母罗曼史的了解。

啥？我爸妈有罗曼史吗？他们不是相亲结婚的吗？你搞不好会这样说。

我们不知道，真实世界里的爱情，就是很真实。

你爱得要死的风趣男人偏偏是个劈腿王，对你很忠实的男人却无聊到你想把他送给邻居都不嫌可惜；追你的时候随便一通电话骑二十公里去接你都愿意，把到手之后请他帮忙去巷口买个卫生棉他还嫌远；约会的第一个月他费心安排一大堆惊喜和礼物，在一起的第三十个月他或许就忘了你们的纪念日。

你越来越怀疑你眼前的这个男人到底是谁，每当他做一件你觉得不可思议或令你发怒的事情，你就发现他开始越来越像一个怪物。直到有一天，你才了解到，你爱的那个帅王子不知上哪儿去了，跟你在一起的这个人，原来是一个"史莱克"。

这个史莱克拥有所有常人都有的缺点，他可能有一点懒惰，没什么特别的上进心，遇到麻烦事只想闪躲，根本不浪漫，你希望他买名牌包宠你，他会说换个家电比较实际。跟他吵架的时候，他总是要跟你讲道理，而不是先过来道歉抱抱你，你气得要破表了他还在那里悠闲地看电视，你想问个水落石出他却已经打呼睡去。

这些真实的状况从来不会在童话或漫画或言情小说上出现，所有的故事都只教我们如何跟王子谈恋爱，但没有教我们该怎么跟史莱克过生活。

然而，如果你的爱人不是王子，是一个史莱克，这段爱情就完蛋了吗？我们就应该把这个史莱克给踢开，然后转而去寻找下一个能够扮演王子的男人吗？因为爱情里，不应该有自私、误会、争吵，不谅解这些东西存在吗？

我很喜欢《怪物史莱克》这部电影的原因，那就是它用一个很妙的方式，告诉我们该怎么面对真实生活里的爱情。当费欧娜公主，抛下所谓公主的自尊和矜持，表现自己另类的真性情，甚至决定成为和史莱克一样的"怪物"时，她展露了她对于"爱"的成熟和深度，那就是理解对方的立场，包容对方的想法，还有最重要的，承认自己的爱情并不完美，然后接受它。

每个人的真实爱情，都是坑坑疤疤的，没有人能谈完美无缺的恋爱，因为我们本身也不是完美无缺的人。每个人都是在错误和谅解中不断地往前进，在伤害对方后感到懊悔和痛苦，然后再试着去包容和理解对方。

我们之所以能够长久地爱一个人，和一个人在一起，并不是因为他有多完美，而是我们能够去包容这个人到多大的极限。我们真正深爱的人，并不是那个永不犯错，永不会让你生气的人，而是那个不断犯错又不断让你生气，但你却始终说得出你为什么爱他的人。

那么，我们又何必想念王子呢？这就是真实爱情啊，无论你和谁在一起，最终他都会变成一个史莱克的。幸运一点儿的话，我们身边的那个人，都还比史莱克要更可爱，更有魅力呢，是不是？

Part 4 草食男与肉食女

ABC 男生的交往法则

> 在此也奉劝各位女性,如果你刚巧在夜店或朋友介绍的状况下,认识了一个 ABC,很幸运地,你昨天还跟他同居过的话,这并不代表,他要你当他的女朋友。

最近美国在放暑假,捷运上,百货公司,电影院里,到处都可以看到这些"有点不太一样"的 ABC 男生和女生。

ABC 的本意是"America born Chinese"(美国出生的华人),华人血统基本都可用这个称谓的。

不过,这些我们会在路上遇到,放暑假回台湾探亲的,可能只有少数是出生在美国,更多的,是出生在台湾,念美国学校(像关颖和孙芸芸,以及王泉仁和李晶晶),大学才到美国去念书的正港台湾人。

统称他们都叫 ABC,是比较方便大家想象。"啊,就是那些满口英文,中文也讲得怪腔怪调,时不时还要来秀几个英文单字,男生头发梳得油油尖尖,女生喜欢穿人字拖,英文讲得很大声的那些人。"

重点是,那天我突然想起什么,问了丹尼尔一句:

"你有没有发现,这些 ABC 男皮肤都很白,但是 ABC 女人都晒得黑黑的？"

"有耶，真的是这样。可是，他们不是都来自同一个地方吗？美国的加利福尼亚州应该最多吧……那里的阳光有这么不平均吗？"

"嗯……"丹尼尔思索着。

"好奇怪啊，这件事值得好好研究呢。"我说。

我在芝加哥念书的时候，有一个"类 ABC"追过我。

这位先生，我在小说《苏菲》里以"格林"称呼他。他是小学毕业之后全家移民到加州的，中文程度还可以，可以读《世界日报》，平常沟通也都没问题，家境很不错，开着白色跑车在我们那种学院派的芝加哥大学里呼啸过去，不醒目也难。

在我的眼里，他走路的样子像莽撞的熊（虽然他并不胖），不可否认很多 ABC 男真的初见就像 L.A. BOYZ 或 MACHI 兄弟那样，讲着讲着好像就要跳起来的样子，真的很 Hip-hop。

直到 Chigusa 跟我说："他很高很帅啊，你不考虑一下吗？"我才好好地看了他一下，说真的，他并不是丑男，只是我向来喜欢斯文型。

他自己也自称 ABC，而且他还告诉我："我留的这种头型，短短刺刺的，就是西岸很流行的 ABC 头啊，大家都是这样。"

真的，后来我去伯克利，整个校园的华人学生都是这种头型。

格林先生的肤色也很白，但我想应该是遗传的吧。

在小说里，我是这样描写他的：

"有的时候我惊讶格林怎么会这么沙文，他希望老婆最好以相夫教子为己任，要是还能赚钱那就再棒不过。后来我渐渐明白，他的沙文来自他的移民家庭。格林的父母在二十年前离开台湾，来到美国这块梦奇地，他们的脑汁成分还是二十年前那套古思想，又在华人聚落里生活，过着吃烧饼油条看台湾节目录像带的日子。他们的脑袋没有随着美国社会进化，也没有跟着台湾社会前进。我跟格林讲，如果你想找老婆，只是想要个煮饭婆兼保姆，没有超过大学学历的台湾女孩会想嫁给你。"

我和他 date（约会）过一段时间，美国人喜欢用 date 来称呼"朋友以上，男女朋友未満"程度的这类交往对象。

你是我的 date，意思指的是"我现在跟你约会，有权利要求你不可以再跟别人同居，不过，你还不算是我的女朋友，我也还没有打算要把你介绍给我妈"。

电影里也常出现"I am seeing somebody special"（我有在见特定某人）这样的说法，意思和"date"差不多，就是说"我有固定在约会的对象"，这样讲的时候，通常是用来拒绝没兴趣的人，叫他不要再来约。

不过，这意思也表示："我现在原则上不能跟你约会，不过如果你再加把劲，或许还有机会。"

说起来，美国人真麻烦，女朋友就女朋友，还分什么 date，很啰唆。

但，在此也奉劝各位女性，如果你刚巧在夜店或朋友介绍的状况下，认识了一个 ABC，很幸运地，你昨天还跟他同居过的话，这并不代表，他要你当他的女朋友。

即便他下次跟朋友出去，会打电话叫你一起来，也不是宣告你是他的女朋友。

再来，如果你自愿地去参加他妈妈的葬礼，这也不意味着你真的是他的女朋友。

搞清楚认知的问题，也不必再说什么ABC男都很花、很可恶，或许他们就是到夜店来泡妞的，只是把你当一个"另类朋友"，其他言语说多无益。

来把妹也是事实，找泡妞也是事实。那么，女生到底看上他哪一点？因为他会说英文？因为他比一般的台湾男生"看起来"更体贴、更有绅士风度？因为他的洋腔中文，虽然都是发音不标准，但听起来一点也不土？

而且，他家可能住在仁爱路、天母或信义区？反正，能到美国念书，家里应该都很有钱。

多么体面的男人啊，好想做他的女朋友。

当你这么想的那一刻，请恕我这么说，你的真心就比他多吗？

不要想太多，男欢女爱，大家你情我愿。开心就好。

关于ABC男和ABC女的肤色问题，我还是没有结论。

或许，读者可以自由发挥想象吧。

你有过渡情人吗？

> 我们可能会就近攀住一艘靠过来的船，或是找一座安全又安静的岛，上岸休息。
>
> 那艘船，也就是"过渡情人"。

最近，我一位好兄弟结婚了，米米还担当了他婚礼上的花童，虽然个性害羞，表现得不太称职，不过米米总算完成了"扮公主"的愿望，而我，也是真心真切地，为我这位相识超过十七年的兄弟感到高兴。见识过他历任女友的我，客观地说一句，他确实娶到了一位个性好又讨人喜欢的老婆。所以这篇是写给他的。

说起来他的恋爱经历，并不特别出奇，就和一般人一样，喜欢一个女孩子就去追求，交往之后也能够认认真真地经营个几年，直到无法往前才分手。不过我倒是一直记得多年前的一个画面，那是在他和某任女友惨烈分手的几个月后，场合是某个朋友的婚礼。

那晚，他带来了一个女伴，但从头到尾，他都没向我介绍她是谁，叫什么名字。她看着我，我也看着他，我用眼神暗示："你觉得，你要不要告诉我她是谁？"而他只是抽他的烟，一点反应也没有。

不用再问，我马上有个直觉，这女生不是他的正式女朋友，而是他的"过渡情人"。

我之所以能如此准确判断，那是因为我了解我兄弟，他不是那种看到异性就扑上去的追女狂，也不是爱搞一夜情或劈腿游戏的花心男。以前，如果他带某个女孩来参加我们的聚会，要不就是他正在认真追的对象，要不就已经是认真的女朋友，尤其，他会向我们好好介绍："她是××。"

果然，我再也没有见过那晚婚礼上的女伴，而她也就如一阵风，消逝在我们的记忆里。又过了一阵子，兄弟再度带来了新女友，这一次，他带着微笑向我介绍她的名字，我知道，他已经结束了他的"恋爱过渡期"，重新靠岸了。

每个人都需要靠岸。或许有些人，喜欢终其一生乘风破浪的感觉，不断地分手，不断地冒险。不过绝大多数人，都是靠岸在一个港口，直到这个港口的风景再也无法满足我们，才会忍痛收拾行囊挥别离开。

当我们继续回到海上，我们不见得很快就能找到下一个港口，但在爱情里受了伤之后，相当疲惫脆弱的此刻，却很难再承受惊涛骇浪，于是，我们可能会就近攀住一艘靠过来的船，或是找一座安全又安静的岛，上岸休息。

那艘船，也就是"过渡情人"，是帮助脆弱又无助的我们，在接近溺水和沉沦的状态，能够稍稍歇息的地方。但是岛毕竟就只是岛，是一个暂时的疗愈所，当我们上岸的时候，并不会特别考虑它会不会，或适不适合成为一个港口。当然，有些人，因为翻船太多次，也可能失去了冒险的勇气和力气，就一直停在那座岛上，也说不定。

丹尼尔曾问过我一个问题："喂，你们女生是不是会在买不到（或买不起）那个最想要的名牌包时，转而去买另一个比较没那么贵的包（或比较便宜的款式）？"

我想了一想，回答："可能会吧。说不定有的人会干脆跑去买A货，呵呵。"

这么说或许很残忍，但是那个A货包，就是一个"过渡包"，它不会成为女人最爱不释手的包，也不会成为衣柜里的常客。更不是无论搬家搬了几次，也舍不得送人或丢掉的经典包，它仅仅是一个"得不到最好时"的替代品。微妙的是，过渡包的任务并不容易，女人毕竟还是会天天带它出门，把它放在随时看得到的地方，它甚至会成为和姐妹淘喝下午茶逛街时的伴侣。

然而，你不会特别对它多做介绍，也不会滔滔不绝如何入手的愉悦经验，甚至，当你偶然瞥到真正心向往的那一款或那一色的包时，视线却又忍不住多驻足了几秒，心里浮起了一丝丝空虚和落寞。

那就像是我们和"过渡情人"在一起的感受，我们并不感到特别快乐，也并不特别悲伤，所有的喜怒哀乐，都像是可以存在，也都可以不存在。

曾经有个朋友，和我提起某个，处于第N个男朋友与第N+1个男朋友之间的"那个男人"，不需要她太多的描述，我就清楚这个男人的位置。

就像在我们的旧日记里，总可以找到这样的位置，这样的男人或女人。

当她回想起那个对她好的男人，她甚至羞于承认他是她的谁，他不是她的男朋友，但是他却扮演着男友的角色。载她出去玩，接送她上下班，陪她吃一顿饭，看一场电影，甚至解决一下生理需求。没有人能质问她到底把他当什么，因为连她自己都无法回答，她正游走在法律边缘，玩着一种无法言明的暧昧游戏。

她有没有喜欢过他？或许有。

那她想和他在一起吗？不知道。

当他回想起这个女孩，他知道，她从来就不是他会喜欢的典型，但是他却牵着她的手，上了好几次床。他睡在她的身旁感到很安心，在他最深层的心里，还存着上一次恋爱受伤的恐惧后遗症，他害怕，自己投入之后又发生无法控制的悲剧，就像那个他认真喜欢过的女孩，她竟背叛了他，现在的他，输不起。

但是和"过渡情人"在一起，他没有恐惧，因为他没有那么爱她，即使她离开他，他的世界也不会崩塌，他可以享受一段无风无雨的平静日子，他可以暂时远离心痛的感觉，现在的他，很安全。

很多人会问：我是不是不会再恋爱了？我是不是再也遇不到让我做梦也会微笑的人了？会问这个问题的人，或许是还没有意识到，自己身边的这个人，其实是一个"过渡情人"，和他在一起，并不是真的因为很喜欢，只是觉得在一起还可以。

我们对恋爱的恐惧，对爱情的不确定，在遇到下一个令人心跳加剧的对象时，一切就会烟消云散。为了那个最喜欢的人，即使再怎么残破不堪，我们也会勇往直前，这就是真爱的力量。

麻烦的是，我们往往没有那么容易，在离开一座港口后，就找到下一座港口，在海上漂流的时间，有时比我们想象得更长，一年，两年，甚至三年五年。要用便宜的价格到市场上买到 A 货，当然比较简单。如果大家都很容易就能遇到真爱，都和自己最喜欢的人顺利在一起，我们做编剧的，就不需要写那么多爱情偶像剧让观众流泪了。

"过渡情人"似乎注定是悲剧命运的角色，即使我们甚至残忍地，从来没有把他列入"正式男/女朋友"的数量或名单，但我们却很难遗忘他。他就像人生旅程中，偶然出现的一个"逗点"，他本来不应该在那里的，但他又确实存在着。当我们想起他的时候，有一种尴尬的感觉，但在我们的心底，还是感谢着他。

因为这个逗点，我们才能跨越过那个痛苦，跨越过那个再也解不开的结，疗伤之后，重新出发，迎向下一个开始。

好好感谢你的过渡情人，也请，永远好好地记得他们。

是你宠坏了另一半

> 爱情里头，对方也是不断地在试探你的极限是什么。
> 你没有极限，他就会越来越过分，就跟被宠坏的小孩一样，他们永远没有被满足的那一天。

在周刊上看到一篇文章，大意是说一个主人的狗都挑食不吃饭，记者问兽医要如何处理的主题。

兽医的话甚得我心："造成问题和解决问题的关键，都在主人本身。"

很有道理。

我和丹尼尔也常被其他父母问到，怎么让自家宝贝乖乖吃饭？连之前带着十个月大的米米在外用餐，她一口一口自己用汤匙加手吃得津津有味，偶尔几次还被我们劝阻"吃太多了。"有时被年长的阿公阿嬷投以羡慕的眼光："我们家那个啊，都要我用骗的才肯吃。"

做父母（公嬷）做到这种程度还真没尊严，而我们两个说真的也没什么了不起的高招，只有一句话："给他饿一餐就好了啊。"

小孩是人，有求生的本能，饿了会吃，累了会睡。没有永远不饿的小孩，也没有永远都不困的小孩。

他不饿你硬要他吃，不困硬要他睡，他当然火大，你更火大。换句话说，他饿了却不吃，难过的人会是他，不是你。但是他如何体会食物的宝贵，体会饱足带来的快乐，那当然是从饥饿开始。

没饿过的人，你问他饥饿是什么滋味，要他珍惜食物，他根本不懂。

米米很精明，有次在大阪的餐厅，吃完了意大利面还附送蛋糕，她吃了面也吃了蛋糕，但心里略略大概有些后悔，"怎么有蛋糕！早知道刚刚面就少吃一点，就可以吃下更多蛋糕了！"小鬼灵精暗暗打起如意算盘。

同一天的晚餐，在某间老铺点了好吃的咖喱饭，她却吃两口就不吃了，想必是以为后面还有蛋糕。父母看穿她狡诈的心思，告诫她："现在不吃就什么都没有了哦！"她撅嘴，不吃就不吃。

你以为我们就此屈服吗？怎么可能，我们可是天下最狠心的父母啊。

那之后我跟丹尼尔继续逛大街，百货公司打烊后到书店继续逛，逛到10点才回饭店，这期间，没给米米任何一块饼干或任何一杯果汁，她唯一能吃的，只有她壶里的白开水。

算她好命，年纪小睡前要喝牛奶，所以回到饭店洗完澡后才泡了一瓶牛奶给她。饿了一晚上的她简直要把那奶瓶给吞下去，稀里哗啦没几分钟就把牛奶喝光光，心满意足地睡去了。

第二天开始呢？乖得跟猫一样，给她吃什么就吃什么。

没结婚的人要问，养小孩跟我有啥关系？我又还没有小孩。

不过你的男/女朋友，在某种程度和你的亲密关系，其实也相当接近父母与小孩哦，相当微妙呢。

有男生问过我："我每次都帮她付账都去接她，她还是对我不满意，到底是怎么回事？"

我通常会叫这位优质男友，不要付账（或不要去接女友）一次试试看，但是我发现，一开始要他做就很难。

"她会很生气啦，会在电话里骂我。"

"如果我不付钱，她会不会说我小气？"

"哪有办法不去接她？我迟到个五分钟就被骂成猪头了。"

你的女友不是你养的狗，但是这种问答，和挑食宠物与主人的状况还真相像啊，造成问题的人到底是你还是她呢？

然后男生又冤又气，因为他觉得自己是好人，是优质男友，他拼命在讨好女友，在对她好，就算有问题，那个人也应该是女友而不是自己啊。

是啊，那么又回到一个最根本的问题了，你做了这么多，她为什么还是不满意？

实话是，你已经把她的胃口给宠坏了，一个吃惯鹅肝酱的人，怎么还能去路边摊吃铁板牛排呢？服务只有往上提升，没有往下递减。你跟她交往这么多年来，都是你在接她，你在帮她付钱，现在哪有不做的道理？

换成是男朋友的状况，也是一样啊。

在芝加哥的时候，某男在追我，刚开始我们在外面吃，有一次他说想在他家吃，我就利用他家的剩菜做了炒面，他说好吃，我也高兴。

他不太会煮饭，我觉得常在外面吃又贵又不好吃，所以还给他家买了米，买了酱油，方便我去的时候就能煮。

有一次，在我煮了不知几次之后，什么中式的青椒牛肉还是西式的意大利面都做过，这位相当不识相的老兄竟然开始拿翘了："今天不想吃面。"

我心想，他妈的，我又不是你女朋友（此人乃我说的 ABC 男，有兴趣者请自行去前面找），我是自己想吃才"顺便"在你家煮，你以为我是专程来煮给你吃的啊？切……有本事你就自己煮啊。

那次之后我就没在他家煮过饭。当然，这人也被我扣了二十分，之后踢出名单外。

你不能把某人对你的某项服务，当成是义务。他对你好，是因为这么做他会开心，你也开心，如果他爱你，更是为了让你更爱他，但是"获得者"不应把此看成是"付出者"本来就该做的。

这个世界上，没有任何人天生就该为你做什么，除了你的父母在你是小 baby 的时候给你的照顾。现在你是成年人了，本来就该自己付钱，自己回家。

如果你希望你的另一半，对待你就像小婴儿似的，处处呵护你，把你捧在手掌心。那么相对的，他是不是可以跟你的父母一样干涉你？当他限制你，甚至对你的事情提出意见，你有没有接受？

还是你只想要享受你想要的"权利"，而不想要承受"义务"？

小孩之所以会被宠坏，是因为他们还不会用言语表达自己的想法，他们习惯用"行动"来测试父母的极限。

而你必须不断地用"言语"来告诉他，我可以忍受的极限是什么。

当他们踩到这个极限（好比饿肚子），他们于是学会这里叫做极限。他们虽很聪明，但很健忘，于是下一次他们又会再踩到另一个极限。

这时候你就再重复一次,这里是极限(你现在不吃就是没得吃了)。

男人和女人之间本有沟通的语言,是不应沦落到用行动来沟通的程度。但是有的人很喜欢玩这种游戏,像女生常常喜欢不说,要男生来猜她的心意。

爱情里头,对方也是不断地在试探你的极限是什么。你没有极限,他就会越来越过分,就跟被宠坏的小孩一样,他们永远没有被满足的那一天。而被宠坏的人其实并不快乐,不论是大人或小孩都一样。因为他们感不到满足,不容易满足。

对策?跟小孩吃饭一样,饿一餐试试看啰。

放弃，还是选择？

> 所谓的爱情与友谊，家庭与事业，孩子与金钱，从来就是你选了这一项，就等于你放弃另一项。

昨天和高中时期的好姐妹 Y 吃午餐，她的女儿上个月满一岁，Y 在外商公司上班，女儿有妈妈跟婆婆轮流照顾，她通常是周末才回娘家，所以平常几乎可以过着小夫妻的逍遥生活，甚至前阵子她才和老公双人出国旅行。像我这种没长辈当靠山，打从女儿一出生就被绑得死死的妈妈，有时候会很羡慕 Y 的自由。本来我正期待着她告诉我旅程有多精彩，没想到她颇有感触地告诉我：

"当了妈妈之后真的是不一样，旅行的时候才发现，两个人出去玩原来没有想象中那么痛快。"

因为，生命中已经多了一个重要的人，你的另一半，或你的孩子，他们会改变你和别人的关系，甚至你对这个世界的看法。

Y 去探望了我们一位嫁去外国多年的姐妹 S，S 有纽约大学的硕士学历，但现在的工作是全职妈妈。我们始终很惊讶，从小生长在富裕家庭的千金小姐 S，可以烧出一桌佳肴，包办清洗洒扫家务，兼带三个精力旺盛的小鬼头，还在老公熬夜下班回家后，马上弄热腾腾的消夜给他吃。

我的好朋友 H，是媒体界称道的优秀记者，六个月前生了一个 baby，从此大幅减少工作量。好多同业在跟我邀稿的时候，常语带遗憾地说，H 最近才刚拒绝他们家的稿子，要找这么好的记者很不容易，等等。

我清楚 H 的选择，她选择在这个阶段花更多时间照顾家庭，选择少赚一点钱，只因为要赚钱要拼事业，以后还有机会，但小孩的成长只有一次。

这听起来很八股，好像奶粉广告的台词，但是身为父母的人就能明白，唯有你亲自照顾他，才不会错过他的任何一个笑容，任何一个可爱的动作。举一个厚脸皮的例子，前几个月我因为写了一部很出名的戏，走到哪里都有朋友向我祝贺，但最让我开心的台词却是某天，米米正用她的娃娃音跟我对话，帮我结账的老板娘笑着说："只有妈妈听得懂自己的孩子在说什么。"

这个赞美，竟然比我过去听了上百句"你的戏很好看"还令我满足，原来这就是身为一个妈妈的真实感，这比我扮演一个名戏编剧（是戏有名不是编剧有名）这样空虚的角色来说，更具有一种触动喜怒哀乐的真实感。

我们的人生，是在真实的角色中做选择，选择扮演好一个角色，不等于放弃另一个角色。

所谓的爱情与友谊，家庭与事业，孩子与金钱，从来就是你选了这一项，就等于放弃了另一项。比方说，交了男友的人，我不会说她久不联络叫做"见色忘友",如果她花很多时间和男友在一起,那不也意味他们在一起相当幸福快乐?如果她的男人成天劈腿,忙自己的事,找兄弟玩耍,这女生应该是常常独守空闺,望门等无人,望手机等无来电。我个人认为,不常找你的姐妹你应该替她感到高兴,那个常常打来却明明有男友(或老公)的姐妹,我们才要真的替她担心。

以现代社会的状况,大家念不同的学校,在不同的地方上班,一般的好友,一个月联络一次或见一次面就算很频繁,三个月到半年见一次,都算正常。不过这里不打算赘述这个话题,重点是我认为"见色忘友"不应成为被谴责的理由。

交了男女朋友的人只是"选择"花时间好好经营自己的感情关系,这难道不对吗?

爱情与工作,或家庭与事业,或可视为同一种议题。这些年我看到一些学生时代认识的学姐学妹或同学,虽然拥有高学历甚至高薪,但却辞掉工作,或将工作转为兼职回家带小孩。有时候是坐月子做得比较久,或申请留职停薪的都有。

不知道为什么,我们的社会有时会用"放弃"这个负面的角度,来看待一个职场精英(男女平等,男人也有可能)成为家庭主妇(夫)。这个我们自己都没发觉的潜在偏见,其实是立基于一个带有歧视的观点:

"家庭主妇是不事生产的,没有工作与赚钱能力,每天做的事就是洗衣煮饭扫地带小孩喂奶这些不复杂不伤脑也不用应付老板的工作。"

或许我们该感谢台湾社会平等,鼓励女人赚钱工作,才会有这样的潜在歧视产生,我个人认为这个歧视相当可怕,在相对意义上,"主妇"和其他社会里我们认知的职业比起来,显然不是一个可以令人得意骄傲的工作。

所以当一个女人（尤其她不幸还蛮优秀或杰出的）选择去当一个主妇贡献家庭，而不是做一份工作贡献社会时，绝大多数的人都会觉得可惜或不值。

但我们忽略了一个最重要的关键，那就是人生里所有的路线，都是经由"我"自己"选择"而产生的，这个选择是为了满足我自己的主观，而不是为了满足别人的客观。

一个男人和一个女人决定在一起，这个关系是自由且可变动的，他们无须理会外界的观感，当然以满足自己为第一要件。两个人是谁多赚一点，是谁要多付一点家用，是谁要多花一点时间做家事带小孩，这个"谁"，都可以经由平等的讨论而产生。

老婆如果能赚就多赚一点，老公少赚一点就多付出一点时间帮忙家事，老婆是不是生了小孩就不工作？那老公愿不愿意辛苦一点扛起全家家计？这些游戏规则不需要遵从别人的看法或社会的观感，你们可以创造一个民主的关系，能投票决定的只有你和他。

每次有网友来这里问，我想结婚但我不想跟婆婆住，或我不想生小孩但男友有压力，或我们该怎么分账，到底什么东西该谁出钱，其实这些问题都是同一个问题：就是回到这个民主的机制，讨论，然后做一个两人都愉快的决定。

如果你为了一个很爱的人，而做了一个很不像你的决定，不要害怕，你并不是牺牲或失去了什么，而是选择了什么。当我们能用一个比较正面的角度去理解我们人生中的所有决定，我们才会珍惜这个选择，坚持这个选择而走下去。

我们有的时候会以负面角度来解读自己的决定，只是因为我们害怕面对真相。

我不结婚是因为男友没求婚，我努力工作是因为老公养不起我，我回家带小孩是因为婆家要求，这些说出来令人无法得意的真相，掩盖了我们做选择的那个动机。

动机并不是对方造成的，而是自己造成的，这个选择就是你做的，你选择和一个不太爱你的男人在一起，你选择了一个比钞票多可爱的男人当老公，你选择了一个让你婆婆开心的主妇工作。当你再仔细想想你是否真的放弃了什么？

你会发现你选择而得到的，往往比你以为放弃而失去的还要多。

异国恋和西餐妹

> 你爱上了那个人，单纯就只是你爱上了他，不是因为他是金头发蓝眼睛，而是因为他就是他，他是德国的农村男孩，还是以色列的历史老师，那都无关紧要，你爱的就是这个人。

前阵子，知名的"百吻女"杨雅晴出书了。杨雅晴是一名正在巴黎攻读钢琴演奏文凭的台湾留学生，2009年宣布自己要在巴黎向一百名路人索吻，一时蔚为话题。她的新书，自然就是收集她的"百吻"纪录，还分上下册出版。

杨雅晴在接受《南都周刊》专访时，曾表示，她认为索吻本来是件普通的事，之所以引起大骚动，是因为触动了亚洲男人的神经弱点。

杨雅晴认为，亚洲人大多没有把"吻"和"性"分开，"吻"就等于承诺，相当于爱，如果没有爱，吻别人是不道德的。同理，"性"和"爱"也是可以分开的。

我同意"性"和"爱"是可以分开的，就像我之前写过《可以接吻，但不想做女朋友》，女人也有生理需求，也会为性而性。但我对"吻"的想法更简单，我认为如果我会跟一个人接吻，某种程度我还是喜欢甚至爱他的。

我无法跟路人接吻，也无法接受男朋友跟其他女生接吻，如果他说"他不爱她，这只是接吻而已"，我不会相信他的鬼话。

不过杨雅晴提到亚洲男人的神经弱点，这就很有趣，值得拿来探讨一番。

我认为，是不是能接受女友和其他男人接吻，并不是常见的议题（应该绝大多数男人都无法接受吧），容易产生摩擦的，应该是亚洲男人对女友的观点是什么，尤其是关于自主和自由。

女人可以走到大街上，自由地向陌生男人索吻，是对身体自主和行动自主的一种宣示。将其延伸，就是女人想做什么就做什么，想去哪里就去哪里，不受男人的牵制和影响。

这是我的身体，我的自由，管你是老爸还是老公，你不能干涉我的选择和决定。

多数亚洲男人（我要强调这是社会观感，不代表每位男性），喜欢女友"听话"甚于"叛逆"，希望女友能以自己生活为核心（婚后更是理所当然），不介意女友赚得比自己少，也不介意女友社经地位低于自己。相反，如果女友或老婆比较能干或优秀，有些男性甚至会感到不舒服。

于是，亚洲男人的刻板典型，便造就了"西餐妹"这样的一群人。

"西餐妹"，简而言之，就是喜欢西方男人甚于东方男人的一群东方女孩。她们并不避讳公开承认自己比较爱吃西餐，如果被质疑是不是崇洋媚外，也不会感到有什么不好意思。我认识的七年级辣妹 E，她说："吃过西餐后，你就不会想再吃中餐了。"她露出一个愉快的笑容，在性的那方面，"西餐确实比较能够满足我，东方男人真的不行"。她撅着嘴比了一个 NO 的手势。

　　E 说,谈恋爱,西方男人就是比较体贴,比较绅士,他们甚至会天天做早餐给你吃,呵护你,把你像公主一样捧在手掌心。"西方男性可以接受女强男弱(这点我本人有质疑,我听过很多离婚的情况就不是这回事),他们可以完全尊重你,给你很自由的空间。"E 的观点,从很久以前,我就听不少偏爱西餐的姐姐妹妹说过,我有一位专吃西餐的朋友 S,在几度寻觅之后,最后也是嫁给了西方男人。

　　更妙的是,我观察,年龄差距达十五岁以上,互不认识的 S 和 E,她们都是单眼皮,肤色黝黑健康,英语流利,喜欢把头发烫成大卷头。当 E 告诉我:"我的型就不是亚洲男人的菜,我在西方市场比较吃得开。"大约十年前,S 也对我说过几乎一模一样的话。

　　所以,会不会是市场的供需机制决定了西餐妹的偏好?

　　人会往对自己有利的优势市场滑动,到底是因为中餐不好吃才去吃西餐,还是因为中式餐厅不欢迎你只得往西餐厅跑?这是很微妙的个人问题了。

　　我并不谴责那些喜欢去酒吧找老外的西餐女孩,因为每人有每人喜欢的菜,或许有些女孩就是喜欢金头发蓝眼睛的人种,或许有些女孩就是觉得在床上听英文比较爽。就像有的人喜欢吃牛排甚于吃牛肉面,你能跟他辩说牛肉面乃是中华文化之精髓,不懂吃实在太可惜?这是个人偏好,没什么好吵的。

　　我之所以这样说,倒不是因为我自己曾经吃过西餐,喝过"洋墨水"。出差欧洲和留学美国的期间,我从未对任何西方男人产生感觉。我很早就认清我是喜欢亚洲菜的,日本男人韩国男人中国男人我都不介意,黑头发黄皮肤跟我貌似的动物,我才会对他产生情欲。即使对方帅得可比布拉德·皮特或乔治·克鲁尼，我也仅仅是觉得"嗯，很帅，但我没有兴趣跟你接吻"。所以，喜好绝对是个人问题。

在芝加哥留学的时候，我亲眼见证了一对异国恋人的相遇和结合，日本女孩C和美国男孩T，我们三人几乎是同时认识的，因此他们是如何在一起的，我非常清楚。C完全不是大家想象中那种喜欢在关岛或夏威夷的海滩穿比基尼钓老外的放浪日本女孩，而出身良好、成绩优异的T，也不是对东方女性存有奇怪遐想的老外怪咖。

事实上，C是平实且不化妆的那一派日本人，以往交往的男友都是日本人，对西方男人没有特殊兴趣，而且个性有点害羞。T则是标准土生土长的美国男孩，但安静温柔，曾在日本教书一年，因此能说流利的日语，还会做一整桌的日本料理。

我现在会做的日本料理，天妇罗、烤鱼、和风火锅、牛蒡等小菜，都是跟T学的。C完全不会做菜，他们两人在一起，并不是出于T想找个温柔顺从、会做家事的东方老婆，这方面，美国男孩T比日本女孩C能干得多，颠覆一般的想象。

他们交往三五年之后在美国登记结婚了，就和其他的情侣一样，没有特别的罗曼史或什么轰轰烈烈的性爱史，他们就是一对彼此相爱的恋人，两人虽然国籍不同，种族不同，就只是刚好遇到了，如此而已。

再来，我要替亚洲男人之一的台湾男人说几句话。

台湾社会从父母上一代到我们这一代（我是六年五班的），男人对女人的尊重态度进步很多。我们这一辈的婚姻大多是自由恋爱，女人也都有自己的谋生能力和经济基础，即使是在家里当主妇带小孩，常是两夫妻协调讨论后的结果，而不一定是"男主外女主内"这样的强硬机制造成的。

我认为，目前台湾的男女关系弹性更大，因为女人也可以赚钱养家，男人煮饭做家事不会被嘲笑反而备受称赞，这些自由的观念解放了男人，也让他们更懂得用自由的角度来爱护女人，理解女人。

所以台湾男人是不是没有西方男人那么体贴？我倒觉得不一定。某些西方男人是假民主真专制，在外面像绅士，回家后变成大爷！也要看你遇到的是哪一国人，嫁给法国人可能就少不了家族聚会，婆婆阿嬷的意见都来插嘴，意大利男人和日本男人则是从小被妈妈宠惯的宝贝，严重的还有恋母情结！

很有意思的是，对西餐妹的非正式私下调查，一般大家所知的ABC，往往比台湾土生土长的本地男还来得传统和绅士。

跟我约会过的S男，小学时从台湾全家移民到美国，曾对我讲过一句经典：

"我认为，结了婚的女人，不管是不是要出去工作，都应该要顾好烧饭带孩子的家事。"（天啊，我有没有听错？这是比我小一岁的男生讲出来的话？感觉怎么很像我老爹在说教！）

正在读女性主义的我，没好气地回他一句：

"你这种言论回去台湾，找个女生讲讲看啊，看有没有人要嫁给你。"

"可是，听说我们这种讲英文的ABC在台湾很吃得开。"他笑嘻嘻地说。

哼哼，我无法否认，"有些"台湾女人确实具有"ABC偶像追逐症"。会讲英文的男人比较帅，留过学住过国外的男人比较有国际观，当然啰，有条件喝洋墨水代表他家境不太差，运气好还捞到个什么小开，以后结婚在家不必工作……（是做穿名牌的少奶奶，或生儿子的奶妈，还不知道呢。）说穿了是女人的虚荣心。

如果你没有这种虚荣心，那就不必担心，眼睛放亮看清楚你爱的ABC是哪一款就好。

这些看似外黄内白的"香蕉男"，根据我观察，因为和父母很早就移民到美国，交际可能也不脱华人社会，于是他们的思想反而比较接近上一代，而没有像台湾男生随着社会变迁而进步，这不是他们的错，而是环境造成。在我书写留学生活的小说《苏菲》里，我下了一个结论，他们不是外黄内白的香蕉，而是外黄内也黄的菠萝！

如果你现在刚好谈的就是异国恋，无论你爱的是白人是黑人，你或许觉得自己爱吃西餐，或不特别爱吃西餐……你或许没想过有一天会爱上外国人，甚至要住在国外，你面对着朋友或家人的质疑或担心，有时候也感到很混淆，为何我要谈这么麻烦又不受祝福的恋爱？

那么，我想告诉你一个最简单的道理：

有的时候，爱情它就是发生了，无关性别、种族、阶级和国籍。你爱上了那个人，单纯就只是你爱上了他。不是因为他是金头发蓝眼睛，而是因为他就是他，他是德国的农村男孩还是以色列的历史老师，那都无关紧要，你爱的就是这个人。

爱情有时就是这么单纯，不对吗？

手机与恋爱的进化史

> 手机真的是改变了人与人的关系,也改变了恋爱的方式。
> 然而恋爱,也就是关系的本质却是不会变的。
> 你找得到的人,即使有多困难,你永远找得到他。

今天出门没带手机,好像跟全世界都失去联系。

虽然快到捷运站的时候就发现没带手机,但赶着去上日文课,想着应该也没什么重要人士会来电,于是没回家去拿。

现在台北市到处都是插卡的公共电话,没手机又没卡的人真的很可怜,简直就像活在孤岛上一样。

下午,忽然在住宅的一楼发现一台投币式的公共电话,走过去投币打给丹尼尔。

"喂,我今天没带手机。"

就为了讲这句话,花了我五块钱。

拨通后的声音有如从海那边传过来那么遥远,我甚至想不起来上次使用台湾的公共电话是什么时候。

其实一天没带手机也不会怎么样。很多人没带手机去公司,一样可以靠网络、MSN，还有公司分机与世界联系。

我有位朋友是以常没带手机出名，隔三差五就可以发现她的 MSN 昵称是"今天没带手机……"

但像我这种没有公司、没有办公室的自由业游民，如果今天又不打算带手机出门工作，没有上网，那就真的是彻彻底底和世界失去联系了。

回想以前我们那个没手机的时代，谈恋爱真的是很不可思议。

我念高中的时候，是 1991 到 1994 年间，那个年代，一个学生不要说手机，连 BP 机都没有。

我的家教甚严（现在我的行为举止并不像什么家教优良之人），老爸老妈对我有些奇怪的要求，比如说，上大学前不可以认识男生之类。

不可以认识男生，反过来说，也就是没男生可以认识我的意思，所以，男生当然不可以打电话给我。

很幸运也很不幸，我念的是女校，所以名正言顺不应该有认识男生的机会（这怎么可能呢？只是在校没有，走在路上撞到人也有可能会认识男生啊），总而言之，"男生"要打电话给我，是一件有点难度的事。

在此并不是要强调我的行情，而是想描述旧时代的男女联络有多可笑，比方说，想打给我的男生有三种路径：

1.直接打到家里，非常勇敢地指名道姓要找我

经历一男一女（我爸妈）冗长的身家调查，像是你叫什么名字，你念哪所学校，你爸做什么的（这真的不是我唬烂，当爸妈的就是这么问），那可怜的男生被盘查到筋疲力尽，尊严尽失，恨不得隐姓埋名

的时候，换来的往往是一句："你先留话，她现在不在家。"

2.打电话给我的朋友，要我朋友打来，叫我在电话旁边等

这样待会儿他打来的时候就会是我接，可省掉被我爸妈盘查的风险。

但这个途径有另一个风险，那就是我可能不想跟他讲话，所以直接在朋友那关就沙扬娜拉了。

3.请女生打电话给我

家里刚好有姐姐或妹妹的可以拿来利用，这是最方便也最万无一失的。当我听到某陌生女子的声音，还来不及反应，对方悠悠的一句"我弟要跟你讲话"，啪的一声就接过来。就算不想跟他讲话也只得敷衍几句，确实是高招。

上大学之后，我交了一个男朋友。

这时候虽然男生已经可以打来我家，但是并不代表我就脱离电话的魔掌，因为他跟我，一样都是无手机无BP机的人。

此男在台中念书，他住的是那种集合式的大学宿舍，整条走廊共享一部电话分机。我要找他，必须要先想办法拨进该大学的总机，然后再转接分机，分机通了之后，刚好接起来的人会在走廊上大喊："某某某，你的电话！"然后听到他砰砰砰地跑来，接起电话跟我通话。

诸君以为就这么简单吗？怎么可能呢？

要知道，该大学并不会为我们这些无聊的外地女友设置很多专线，因此，在晚间时段要拨进总机这件事，是非常困难，总是占线，并不比打电话预订春节车位和机位来得容易。

尤其是晚上8点到9点间，无聊女友们吃饱饭没事干又想男朋友的时间，所有的外地女友们全部抓起电话不断地拨号。没人能够体会，每次当我好不容易拨通的时候，听到嘟嘟声的那一刻，简直是欣喜溢于言表，好比中大奖！

但是，考验是残酷的。

拨通之后，宿舍走廊的该分机可能占线，因为有另一个外地女友正在和她的长舌男友情话绵绵。我打得进去总机并不代表我打得到分机，如果这对该死的男女没在数分钟内挂断，那我的任务就告失败。

如果幸运一点，分机又通了，哇，这不只是中奖，是中头彩了！有人一路杀到宿舍走廊，现在就看能不能找到我男友了……

是的，接下来的发展你们或许也可以想象了，也许他在洗澡？或是参加社团活动有点晚归？或是趁着我不在那里去约别的女孩去了？

总而言之有一百种可能，但导致出来的结果就是："某某某好像不在哦。"

简直就像地狱来的声音，令人失望。

"开什么玩笑！我可是疯狂拨打才打进来的，你到底是给我去哪里了，好好给我解释啊！"我想谁都会这么狂吼。

其实，当年年幼无知，不过从没有问过男友以上这句话。

周末假期，如果你们以为我在台北，他也会回台北，事情就变得容易的话，大家就真的是把事情想得太简单了。

我要再重申一次，我和他，都是没有任何行动联系装置在身上的人，也就是说，当他离开了那宿舍，对我来说，要找他是更加困难的事。

他究竟在这城市的哪里？

这个问题，每到周末就开始困扰着我。他不在家，也不在宿舍，那他到底在哪里？

我和其他有信心的女友一样，首先，我们会选择在家乖乖等电话。

嘿嘿，你不在电话旁边，那我可以守在电话旁边，这样虽然我找不到你，但是可以等你来找我啊。

不过，要是对方都不打的话，等待就从欢喜变成焦虑。

接着是越等越不耐烦，越等越生气。为了等这不知道会不会响的电话，我两天都不敢出门，就连上个厕所洗个澡也得把我家的无线电话带着，实在是愚不可及。

最后，为了终结这永无止境的无奈与等待，我决定和他分手。

以上的往事，在现代的人眼中，大概会觉得很不可思议吧。

现在的人，几乎人人都有手机，只要一通电话马上就能找到对方，哪还有什么找不找得到的问题？

至于我当年疯狂打电话的作为，现在的外地女友大概也不来这一套了。

然而，手机是不是把人与人的关系逼到一种更无可逃脱的地步？

比方说，以前等不到人，没手机，就只好耐心地继续等，除了等，没有别的选择。

那个人出了门，从出门到见面，这时间与空间的暧昧，可以创造无限个可能性。要知道，跟你见面前，他还跟别人暧昧呢。

至于现在，等不到人，就狂打，喂，电话就在你身上，你现在到底是在哪儿？给我说清楚！

就是这样无处可逃。比方说，你打给他，他就是不接，你会想，他可能在生我的气,在跟别人玩,在做不想让我知道的事等一万种你想得到他不爱你的可能。

不然电话就在他身上,他为什么不接!

可是 19 岁的我,打到他家,找不到他,我会想,他可能和兄弟聚会玩到忘了时间,或者他们去的地方没有电话可以用,也有可能他家的电话坏了。

我可以安慰我自己,他并没有变心。只因为,我可以说服自己,他身上没有电话,他距离电话有一段距离。

手机真的是改变了人与人的关系,也改变了恋爱的方式。

然而恋爱,也就是关系的本质却是不会变的。

你找得到的人,即使有多困难,你永远找得到他。

找不到的人,即使他就睡在你身边,即使你就知道他应该在哪里,即使他手上有两部甚至三部手机,打到手机没电,你还是找不到他。

Part 5
婚姻，不只是两个相爱的人

即使是相爱的两人，相处也是需要不断训练的。如果命中注定你们是夫妻，终究要通过一些摩擦，训练后才能和谐走到一起的。当在你爱人的眼中，你终于看见自己的影像不是一只狗，而是那个真实的自己，幸福就属于你们了。

我们一定要结婚吗？

> 结婚，就是一个选择而已，它会影响你之后的人生路途，但它不会让你从此变得幸福快乐。

好像由我这个已经结婚的人来写这样的题目很奇怪。"你自己都结婚了还说什么呀！因为你结婚了所以不能理解我们这些想结婚的人。"可以预想到有人会这样说，但是，正因为我已经结过婚了，所以才要来做一些分享。

这感觉，就像是你从来没去过巴黎，非常向往巴黎，然后由我这个去过巴黎好几次的人，来告诉你关于巴黎的真面貌。

没有结婚以前，我也把结婚当成是一个巴黎（如果你不喜欢巴黎，可置换成秘鲁、圣母峰或是北海道），是一个我有打算要去，而且想去的地方。

而且在二十到二十五岁这一段时间，我也遭遇了一些感情挫折，差不多过了二十五岁之后，渐渐有了一种想法：

"再交往的话，如果对方没有打算结婚，就不要浪费时间。"

这种日剧里头"以结婚为前提来交往"的想法，竟然也在我内心萌生，实在感到很不可思议。

或许是因为本人是很实际的人，对我来说，结婚，就跟念硕士一样，申请到学校（男人）就去做，努力和运气都很重要。所以我必须知道对方要走的方向跟我是不是同一边，如果我想去秘鲁，他想去北极，那很显然我们再继续交往，也不会走到有共识的路上去。

我并没有特别设想，如果不结婚的话，我的人生会变成什么样子。

遇到想结的人就结，没遇到就保持单身，既然是运气成分很大的事情，得失心就不要太重，一个人到老也不是很恐怖的事。

只想过一件事，没有老公，没有小孩，在家里跟父母同住到超过三十岁的话我应该会被我老爸烦到炸掉，所以年纪大了还单身的话就搬出来，其他的就没有想过。或许继续上班，或许回去美国念博士，一个人的话，有很多种可能，想干吗就干吗。我是那种极爱好独处的人，所以不结婚或是独居对我来说倒不是困扰。

上天的安排，我在二十七岁的时候就走向了另一条路，也就是结婚。这个选择，就像我留职停薪去念书，或者离开媒体来做编剧一样，这就是我人生中的一项选择。

你或许可以把这项选择看得特别严重，特别重要，然而对我来说，它就只是一个选择。

我每次看到有人为了拍婚纱要花多少钱，请客要请在哪里这些"结婚仪式"的事情起争执，甚至还有人闹到不结婚，我就觉得很滑稽。

大家都没有搞清楚，你的婚纱拍得美不美，婚礼办得好不好，跟婚姻会不会顺利，其实一点关系也没有。

而且，只要结婚一年后，我相信所有结了婚的人都会同意，啊，其实结婚仪式，在你人生中所占的分量，真的就是一件很小很小的事情耶。

那本婚纱照，根本就是有人来你家，刚好没看过你的婚纱照，起哄说要看一下，然后拿出来翻一下的东西。

还有你朋友才不会记得在你婚礼上吃的菜是什么东西。他们只是来看你的，还基于礼貌带了红包，这样就很够了，不然你还想怎样？

越过这条线，成为已婚人士之后，于是发现，在那条线的对面朋友，多多少少向往着我所在的这个"巴黎"。

他们想到巴黎来，想成为巴黎人，他们对于巴黎有着许许多多的想象，而我很想说的是："其实，当你到了巴黎以后，你就会发现巴黎没有你想象的那么美，巴黎，根本就是一个充满着垃圾跟臭味，在LV前面你可能会踩到狗大便的肮脏城市。"

婚姻也是一样。

结婚的前三年我们没有小孩，看起来好像比较自由，优点是可以约在外面吃晚餐，不必一定要赶回家，不过其实扣掉照顾小孩的部分，那些洗衣服折衣服倒垃圾缴房租抓老鼠蟑螂的琐事一样也不可能少。

这些杂七杂八的生活里，还要加入丹尼尔的妈妈，还有我的老爸老妈，或者是我或丹尼尔的朋友，穿插的一些小事。

可能有一天晚上我们要回我娘家去吃饭，或者有一天丹尼尔要去跟朋友见面，另有一天我也要外出，然后换丹尼尔在家陪米米。

如果遇到什么过年端午中秋，还有爸爸生日妈妈生日父亲节母亲节这种日子，那前后为了安排家族饭局还有准备礼物，又要小忙一下。

我想说的是，其实结婚不是什么了不得的大事。

许许多多的琐事总括起来，就是所谓的结婚。

结婚，从来就不是一个终点，而是一个起点。

我不知道我这样说是不是会敲醒很多人的幻想，拿巴黎来说好了。如果你以为结婚就等于到了你梦想的巴黎，那么你结婚之后，你会发现你买的不是一张机票，而是一双鞋子。

是的，当你正式地成为某人的老婆或是某人的老公，你以为自己已经在巴黎了，结果发现自己根本就还在台北。婚姻，就像你要从台北走到巴黎那么远一样，你或者可以想办法搭个船，或是去借钱搭火车，但是你要走的距离就是那么远。

前面这无边无际的大陆，就是你现在唯一的目标了。你已经结婚了，你不必再埋怨你的男朋友为什么不给你承诺，也不必担心你女朋友会被人抢走了，但是这时候你才发现，你的任务很浩大，而且比你想象中的还艰难。

然而现在没退路了，你所能做的，就是想办法往前走。

有时候会迷失方向，有时候会想放弃，有时候会被诱惑而停下脚步，如果你还爱着你承诺要爱一生的那个人，你玩着走着还是会往巴黎那个方向去。

那么另一个人呢？他在哪里？

他就在你地图的背面，你们两个感觉得到对方，但是必须各走各的路。你感觉得到他，他也感觉得到你，而且你们必须很有默契，才不会两个人没走在同条路上。

不然目标是巴黎，当你好不容易走到了新疆，结果发现他竟然跑去爬圣母峰了。会离婚的夫妻就是这样，他们没有留意到彼此，早就已经走在不同的道路上了。

结婚从来就不能解决更多的问题，而是会制造更多的问题。

如果她总是以自己为核心，总是要任性妄为，如果他总是喜欢去跟别人搞暧昧，总是要偷吃外面的女生，那么，你还真以为，结婚以后，这些问题就解决了吗？

你真的相信，结婚会改变一个人吗？

你真的相信，结婚能够填补你的寂寞和不安全感吗？

其实，答案你比谁都清楚。

结婚，就是一个选择而已，它会影响你之后的人生路途，但它不会让你从此变得幸福快乐。

你的寂寞，你的不快乐，是因为这段关系的不顺利而造成的，关系本身就有问题，并不会因为你们两人都套上一样的戒指，问题就解决了。

不幸福的关系，即使结了婚也不会变得幸福。

那么，我们一定要结婚吗？

败犬或人妻，还有其他选择吗？

> 不管你选择了单身或为人妻，那就是你，是你必须花一生时间去体会的一件事。

因为我已经是个人妻了，丧失了做"败犬"的权利，但是不知道为什么，我其实觉得人妻明明就比"败犬"还要"败"……呃，我的意思是说，一个单身女生，自己赚钱养活自己，想花多少就可以花多少，在外面喝酒喝到多晚也没人会生气，这不是很爽吗？

如果要我来说的话，不管单身还是结婚，我觉得女人只要自认过得好，就可以自称是"胜犬"。

毕竟，有的人结了婚却比不结婚更不快乐。

前两天访问了好友S，问她喜不喜欢《败犬女王》这部戏，虽然她没有女主角单无双那么犀利霸道，但是看这部戏的时候却让我时常想起她，单身、漂亮、精明干练，一个人过得既好又爽。

S说她很不能认同剧中的情节和女主角性格，同样是以单身女性为主题的戏剧，她反而比较喜欢日剧《四十左右的熟女在身边》的诠释。

今天我又查了一下"败犬"名词的起源，发明这个词的作家酒井顺子列出了以下的"败犬特征"。进去一瞧,真令我这个人妻大感意外。

败犬的特征如下:

1.败犬可以靠自己的力量达到某种程度的收入

全心投入工作,离婚姻也越来越远。是的,其实我一直是如此,从大学毕业至今十年我深深地肯定自己绝对是属于"工作狂"的那种人。我得承认,丹尼尔确实是"天上掉下来"的……

2.败犬很在意与异性邂逅的方式

喜欢自由恋爱更胜于相亲,因为败犬将自己的价值感与被他人喜爱、受欢迎的程度画上等号。硬要说的话,丹尼尔是相亲来的,他是我的同事在 MSN 上介绍给我的。但我认为现代社会,至少符合上面第一要件的女生,就算是相亲,也要看对眼才可能结婚。相亲只是一种认识人的方式,彼此认识之后决定要不要继续来往,如果愿意继续来往,就进入自由恋爱的范围。我想不管用哪种方式认识男人,任何女人都很在意自己的价值。

3.兴趣狂热(舞蹈、旅行、乐器、手工艺成瘾症)

三十岁世代所发起的日本文化回归现象兴盛。因为经济不虞匮乏,对许多原本年纪较大时才有金钱与时间去做的事,也能即刻去做了。

说真的,我觉得没有个人兴趣的女人蛮乏味的。

总有什么东西是感兴趣的吧?先不要说音乐跟跳舞这种有难度的东西,去血拼跟唱 KTV 还有减肥,我想也可以算是一种兴趣。

我个人的想法是,有兴趣狂热的女人说不定结了婚之后还比较能保有自我。因为这种女人不太会有什么时间跟意愿常常去 PK 老公,属

<u>于放牛吃草型，这样会过得比较快乐。</u>

如果你的兴趣是追星，那也 OK 啦。比如，丹尼尔朋友的老婆是哈韩族，把零用钱都败在裴勇俊身上了，虽然她老公有点难以忍受，但我也无话可说。

4.败犬的装扮既不寒酸也不邋遢，斥资不菲、有品味，正是最典型的败犬装扮

跟那些与社会目光几乎绝缘的家庭主妇不同，败犬长期处于"被观察"的状态，并在社会目光的注视下活到现在，因此练就一身完美的装扮功夫。哦，原来《败犬女王》里头的女主角形象是这样来的啊，可是我也认识很多完全不打扮、懒得买新衣服的单身女子，这些人该怎么办呢？也就是说不打扮的单身邋遢女比爱漂亮败犬更容易嫁出去啰？什么奇怪的逻辑！我一直觉得如果电视台要拍单身女的题材，应该要把女主角设定成"在外像平凡 OL，回家像干物女"这样的人物会比较贴近写实。

5.生活模式类似老年人

这是说早睡早起的模式吗？真要我来说的话，我觉得人妻的生活模式应该比败犬更像老年人。败犬不都是睡觉睡到自然醒吗？老年人通常会自动或很早醒来，像我这种半夜常被小孩唉唉声或老公鼾声吵醒的人妻才是真的神经衰弱……

6.既可怕又天真，嫉妒年轻人

我承认，我自从成为人妻之后就非常嫉妒年轻人。我不只嫉妒年轻人，也嫉妒未婚的人，我还嫉妒已婚但没生小孩的人，我更嫉妒生了小孩但不必自己带的人……（看起来人妻比败犬更可怕。）

好吧，如果结了婚成为人妻，那又怎么样呢？我当人妻五年了，有得到，也有失去。我失去了独处的时间，失去了任性妄为的权利。

单身还住在娘家的时候，星期天，我总交代父母跟男友都不要来吵我，一个人裹着棉被睡到过午，然后懒洋洋地起床去吃一顿两点钟的早午饭，再决定今天是要一个人去逛书店还是跟朋友见面。这种自由自在，把我一人放置在世界中心的思维生活，早就离去很久了。

现在的星期天，我不必闹钟就有一个两岁半的小女娃会钻进我熟睡的被窝，用她圆睁睁的眼睛盯着我，摇我醒来告诉我她饿了。我拖着睁不开的双眼跟没开机的身体，帮她穿衣，帮她换尿布，弄早餐给她吃。在早晨的阳光里我看着她沾了牛奶的粉色嘴唇，还有对面那个喝着咖啡的男人。

我知道我早已不是一个人。

法国存在主义作家西蒙娜·德·波伏娃（Simone de Beauvoir）坚持只谈恋爱不结婚，因为她认为："我的手是用来写作，不是用来洗衣跟做家事的。"

为了可以完全不碰生活琐事，她甚至舍弃公寓住在旅馆，有人帮她洗床单扫地倒垃圾，这样她便能全神贯注在创作理论上。

说真的，有时候我在阳台上晾衣服晾得吹风打喷嚏或是洗碗洗到腰酸，禁不住就会想起波伏娃女士的大言不惭。

一个想写作的女人，难道就不该结婚吗？或，一个结婚的女人，她的人生（或创作）就因此被困住了吗？

做了人妻之后，我才了解婚姻真的不是两个人的事而已，"婚姻"这个制度的设计，原来会为人带来许多种种的不便。

你所爱的这个他，本来就不是单独存在于这个世上的一个人，就算他是孤儿，他的父母亲都离他很远，但他必然有一段"过去"。

任何参与过他人生的人，都必然在他身上留下一定的轨迹，而这些点点滴滴就形塑了你所爱的这个人，不管是不是每一样你都喜欢，这都是属于他的一部分。这一部分，或那一部分，无可脱开的人、事、物、过程，都是你要去学习接受跟包容的。

这绝对不是到餐厅点菜说一句"我要酸黄瓜不要放西红柿酱"这么简单，所以你不能说我只想要爱他，但我不想要房中的那些事，这是很无奈的，如果你选择婚姻的话，你都得照单全收。

波伏娃的恋人萨特说了一句："如果我们拥有整个世界，那么有什么必要非得共同生活在一个屋檐下不可呢？"

先撇开萨特说这句话的目的是方便自己可以永不停止地把妹。婚姻既然让人变得这么不自由，为什么我们还要结婚？

就像我问我自己，像我这样一个以写作为志业的女人，为什么要结婚？

而且，我还生了小孩。

波伏娃认为小孩子是"女人肉体的产品"，女人怀孕是落入了繁殖生命的圈套。

听起来好像很惨。

其实我一直认为，不管是波伏娃，还是那些嚷嚷女人没有生子义务的女生，最好，这辈子都不要遭遇到想生却生不出来的心酸。

生小孩不是女人的义务，是女人的天赋。

如果你用这个角度看，生小孩这件事就不会变成一种负担、一种圈套、一种枷锁。

女人会生小孩，跟男人可以站着尿尿一样是一种生理机能。看，多神奇，你的肚子竟然可以长出一个有头发有眼睛有手有脚的家伙，上帝造女人简直是天才。

不管你有没有打算要运用这项天赋，你都可以为自己的身体感到骄傲，这件事，只有女人才办得到。

我相信有些女作家因为不婚不生，所以得以有充足的时间与体力来创作。

然而我个人的体会是，我的婚姻和我的女儿，反而是我的创作来源，而且可以使生活平衡。

说起来很诡异，我现在每天写的稿量和做的事情数量，其实还比我单身的时候多很多。

以前我在杂志社上班，上下班时间很自由，我几乎每天都是朝十晚十，说真的是朝十，也不过是到了公司，打开计算机上网边吃早餐，往往跟亲友 MSN 到中午，然后跟同事去吃午餐。

回来之后写没几个字，又被外务记者会或内部会议打断，每天真正能够开始写稿的时间，常常都是下午 5 点。

然后还要扣掉吃晚餐的时间，每天写稿时间大约三到四小时，跟我现在一样多。

回到家之后，什么家事也不用做，脏衣服往洗衣篮一丢，跷着二郎腿看电视吃水果，洗完澡跟朋友讲个电话就呼呼大睡，房间乱得只看得到床铺。

现在的我当然不可能是这种千金生活。

早上最迟 9 点一定起床把女儿送到保姆家（最近开始是幼儿园），然后去上一个半小时的日文课，上完之后吃了中饭，通常下午 1 点前就会打开计算机开始专心写稿，写稿的时候不上网不上 MSN，甚至故意挑选没有网络的咖啡馆好断绝一切娱乐联系。

连续专注写稿四小时，大约 5 点准备返家，返家路上顺便买菜兼思考今晚的菜色。6 点前到家之后有余裕再写一篇博客文，疲累的话就把今天的 E-mail 回一回，该联系的事情联系完。

六点多就得把女儿接回家，然后准备晚餐。外食也可，或弄几个简单小菜在家里一起吃。吃完之后帮女儿洗澡，如果丹尼尔帮忙洗，我就去洗碗或折衣服做其他家事。

陪女儿玩两个小时或带她去散步，十点左右泡奶给她喝帮她刷牙哄她上床。十点半以后总算跟丹尼尔独处，看看 DVD 或写一篇博客文，挑本书上床准备就寝。

比单身的时候忙碌很多，但是忙碌的劳动会使人生出灵感来，这真的很奇妙。

长时间地坐在计算机前面对创作，有的时候一点进度也没有。人反而会因为时间不够用，而逼迫自己在有限的时间里有效工作。

村上春树不知道在哪一本书说过，他写第一本小说的时候还在经营酒吧，那种一边忙碌着酒吧的工作，一边利用空当写作的充实生活令他很怀念，单纯而大量的劳动能够平衡创作所需要的纤细与敏感，我深有同感。

如果我没有结婚也没有小孩的话，三十二岁的我倒也不见得还写得出来。

因为有婚姻，有小孩，在这样的共体生活里互相包容着不便与不自由，才能够渐渐去体会人与人相处的微妙，注意到一些以前不曾思考过的生活层面，这些细节，这些点滴，原来都在不知不觉中增加人对事物的观点，对生命的广度。

如果没有了这些，我的文字应该会越来越贫乏，越来越无味，因为我本是一个非常任性的人，不懂得去体会人际的微妙与不同，向来也懒得去配合他人做改变。

我羡慕波伏娃的自由人生，对我来说，她的生活简直是单身女王，有事业，有名望，有金钱，又有恋爱。

然而那不是我，或者说，如果我注定成为一个写作的女人，上天给我的任务大概就是一边劳碌家事一边写剧本。

不管你选择了单身或为人妻，那就是你，是你必须花一生时间去体会的一件事。

我也正在体会当中。

别把不幸的责任推给别人

> 你的不幸福，你的不快乐，不是男人造成的，也不是你的爸爸妈妈造成的，最大的罪人，就是你自己。

我一直很喜欢日本女作家山本文绪的作品，这些年，陆陆续续收了她将近十本小说。只要看到一有她的新书，就忍不住手痒要买。

前阵子买的是套书《绝不哭泣》和《菠萝彼端的幸福》，听到角川已经买下她一系列的版权，将会陆续推出，着实感到期待兴奋。

有种预感，山本或许之后有机会在台湾大红，就像村上春树一样，她的东西真的是太棒了，连很少看小说的丹尼尔也承认，她的小说有种一开始看就停不下来的魅力。

最喜欢也最欣赏山本作品的一个特色，就是在以爱情或工作或生活的书写主题中，她通常会站在女人的角度骂女人。比方说逃避工作的女人，连续换工作的女人，她会毫不留情地以该女好友的角色痛快直言："不是工作不好，是你根本遇到困难就逃避。""像你这样的人，永远也无法实现梦想。"

爱情也是一样。

连续换过几个男友，或，男友或老公哪点不好，女人就哎哎叫地抱怨不停，跟朋友诉苦，一样会被自己的亲朋好友骂得惨兮兮的。

友情也是这样。

那个总是以自己为中心，不管是工作还是恋爱，遇到一点点不顺利就跑来说个没完，从来不拿把镜子照照自己的缺点的女性朋友，我们每个人身边都有。身为她的好友实在是很痛苦，想说的说不出口，听久了又感到这女人真的很烦。

山本文绪也帮你出气了。她恶狠狠地把友情的皮骨撕开，要女人去接受，就算你长得再怎么可爱，个性再怎么好，你的朋友也是会有不耐烦的时候。

最终，你能靠的就是自己。

或许，我的个性跟山本文绪有些相似，所以受不了无病呻吟的人，男人女人都一样。

所谓无病呻吟，最讨厌的就是把旧事或伤痕当理由。

通常会这样说：我小时候怎样怎样，我上一个男友怎样怎样，所以我现在怎样怎样，这种话竟成了理由。如果你交往的那个人把你当成心理医师对你坦承这一切，你听听就好，如果他常常挂在嘴边，那么你要小心。

每个人都有过去，父母离婚的小孩未必过得比没离婚的痛苦，有的人看起来家庭健全，经济无虞，并不代表他家就是父慈子孝。简言之，家庭背景这种好坏，是天注定没得逃，不要去找理由：比如A的父亲就是脾气坏爱打人，B的母亲就是喜欢乱花钱养小白脸，这是个人的命，没得嫌。

爱情中不需要这样的理由。我曾经认识一个爱把创伤挂在嘴边，还经常写在文章上的人。

后来我揭穿他不过是一个以此贩卖旧伤博得爱情的骗子,对他最狠的告别语是:"你出售了你的恋情,让那些被你捧在手心的故事变得廉价。"

也有一种人,喜欢把自己的创伤剥开来给别人看。你不想看,她还硬要剥给你看,告诉你,她以前有多痛,她以前有多苦,因为男友对她怎样怎样,所以她现在很害怕,很无助,很不愿意相信别人,等等。

这的确是她的痛处,应当要好好疼惜,小心呵护,并铭记在心、不要再犯。奇怪的是,我们经常发现她的伤好不了,很容易就踩到痛处,很容易就惹她难过。

最后,她才慢慢明白,原来那个伤从来没结痂过(因为她总是剥给别人看),那个伤甚至是她的武器。于是她有时会说:"看到没?我是有伤的人,她怎么可以往我的伤口上撒盐?"

奇怪的是,有时连她自己也没发现,她还是蛮享受这个把伤剥开的过程。一点一点地把伤口剥开,把自己的故事,仔仔细细地说给别人听,在别人给予温暖与拥抱及关怀的同时,她得到了镁光灯。

很奇妙的是,这样的人往往文笔很好(或者说编故事能力很强)。

但是那是过去的事了,而我们永远是活在当下的人。就算你不喜欢,今天还是会结束,明天还是会来到。

父母怎样并不代表我们就得怎样,你的人生是自己在决定。

你不喜欢自己的父母,那你就不要成为像你父母那样的人。

你妈不是个很有爱心的人,但不代表你就不能成为很有爱心的人。

即使谈过很多失败的恋爱,眼睛被蒙蔽看走眼好几次,并不代表你就不能找到那个合适的男人。

你不喜欢男人对你很小气，你不喜欢他很黏你，你不喜欢他怎样怎样，你要告诉他。沟通无效，然后谈判，迫不得已才是分手。

小气的男人有他小气的理由，说不定他是对家人大方，对外人不大方，因为你是女友还不是家人，所以他觉得没必要对你大方。那种对人人都大方的老公又该如何？这种男人就比较可靠吗？有一天他把你的薪水也拿去借给好兄弟，你又作何感想？

天底下的男人数百种，我只知道一件事：没有完美的男人。

我们自己都不敢说自己是完美的女人，又怎么可以要求男人一百分呢？

这一家的老公脾气好，家事全包，但是事业心就不强，凡事要靠老婆去催去要求。另一家的老公会赚钱又长得帅，可是有很多好朋友又爱玩，三天两头就往外边跑，朋友找吃饭就是无法拒绝。

那一家的老公工作能力强又顾家，可是观念比较保守，希望老婆可以煮饭给公婆吃。另一家的老公什么都好，就是工作太忙，回家没讲两句话就睡着，他对你的唯一要求就是把小孩顾好……

关系里要抱怨的话，跟工作一样，真要抱怨起来就可以抱怨个没完。

只是很不幸，上帝的机制设计就是，世界上的女人口才往往比男人好很多，所以谈到爱情还是两性，出来抱怨和责骂的往往是女人不是男人。大概男人写文章骂女人公主病，势利鬼，应该也会被当做是小气，不大方，没风度，所以男人干脆不写，不骂。地球上吵架的事够多了，不缺男人来骂女人这一项。

我在网络上，在信件里，看到的和收到的文章，跟爱情有关的通常是女人写的。并不是说女人就不会关心泰国政变，或是奥巴马的政策到底对美国的经济有没有用处，而是跟这些比较起来，女人普遍更关心跟"自身"有关的话题，爱情可就是她们的主题。

在爱情中，两性关系里其实有个盲点，那就是——越关心的那个人，反而越不容易满足。

我一直相信一种现象，人是因为人际关系不好，工作不顺才会想要去找《如何管理你的上司》或是《超级成功经营学》这类教人有用的书来看。

同理，因为爱情不顺才会想去读《巨蟹座的男人在想什么》、《相亲秘籍》或是《把你的男人教好》这类诠释爱情的书来看。

那种一直在忙着赚钱，而且真的赚到钱的人，比方说王永庆先生或是郭台铭先生，或许从来没有看过这种管理书，事实上，他们忙得连EMBA也没时间去上。

山本文绪的书一直在告诉女人，你的不幸福，你的不快乐，不是男人造成的，也不是你的爸爸妈妈造成的，最大的罪人，就是你自己。

你在学校或公司讨厌的那个人，其实往往是因为，他的身上有好多你的影子，所以你看了很不顺眼。

女人最讨厌的女人，往往不是跟自己非常不同的类型，而是跟自己非常相似的类型。

可是女人往往忽略了这一点，而且不愿意好好地站在镜子面前，审视自己是一个怎样的人，而只是习惯地看到对方的缺点。尤其当能够大声向其他人数落出讨厌的人的恶形恶状，更是痛快。

不可否认，不少男人也婆婆妈妈的，喜欢叨唠抱怨，擅长推责。

脆弱的时候，伤心的时候，女人只会想为什么对方就不能好好地来安慰自己，好好地站在自己这一边呢？很有趣的是，我们看到许多男人真的非常勇敢，在他的女友抱怨跟哭诉的时候，男人还不服气，竟然还有勇气说"其实我觉得真没做错什么呀，我对你也没有很糟糕啊"、"我想是你想太多了吧"等这样的话，肯定会让女人火山爆发的义勇言词。

女人确实比男人想象的还要脆弱很多，她们不但禁不起男人说真话给她听，而且她可能已经开始偷偷盘算，这个男人不怎么样，还是分手比较好。

换个角度想一想，如果女人看到男人把她的罪名一项项指陈出来：不体贴，不懂得理解，不给承诺，缺乏安全感，太自私，等等……肯定会哑口无言的，心想我有那么差吗？

良药苦口啊，山本文绪的文字并不是绝望的，也许是在给我们善意的提醒。在狠批了女人之后，她把那个遍体鳞伤的女人揪出来，指出：女人要好好反省自己，真实地，残酷地，去检视自己的作为。

她的故事结尾，往往是充满希望的。她在以女人角色恶整女人之后，还提供了女人现实生活中面对难题的方法。

幸福不是等对方来给，而是要靠自己努力。

努力的第一步，我认为，就是先停止把不幸的责任推给别人，先用"放大镜"照照自己。

到底谁该付钱？

> 如果女生有打算要结婚，甚至就是想嫁给你身边的这个男人，站在你未来老公的立场想一想，你从今以后赚的钱，难道都不需要分担一点到家用上？

这个议题似乎是 PTT BBS 男女版上的热门话题，我从大学天天玩 PTT，到现在几个月上去逛一次，总是会看到有女生在问："我让男友付账，不对吗？"或者是男生问："你们都让男友帮你出钱吗？"

看来这真是个百问不厌的男女交往考古题。

常有女生留悄悄话问我，她让男友帮她付账，有时候还买一些自己用的小东西或包包，交往久了，男人要求她要懂得节制，女生变得不高兴，甚至觉得男友不爱她了……我回复她的第一句话，往往是："你想从他身上得到什么？你想得到钱？还是得到爱？"

你还以为这世界上真有"有爱又有钱"的男女关系吗？有吧，如果你自己也是个含金汤匙出生的千金小姐或名媛，那你或许可以要到一个"有爱又有钱"的老公，反正你自己也有钱，你不怕。

但是如果你是为了"钱"才跟他在一起，这里又没有别人，摸着你自己的真心吧，他如果月薪两万你还爱他吗？你以为你的男人会不知道你在想什么吗？男人真的有那么笨吗？

他当然知道，你爱他的"钱"甚于爱他的"爱"，他如果就是喜欢你的美丽与性感，并想跟你上床，那当然没关系；但是有一天，他也喜欢跟别的女人有同样的暧昧关系，那你真的也没话好说。

前阵子有个朋友来代问问题，某已婚少妇发现她老公疑似有外遇（也可能是性向不明），总之，在他出差回来的行李箱里，发现了不该发现的东西，少妇始终耿耿于怀，又不敢当面质问，困扰了一两个月，决定去问朋友她该怎么办。

"怎么办？如果她不想离婚不想独自赚钱辛苦生活，那就装作没这回事，一切云淡风轻。她得想清楚，她去戳破真相之后的结果是什么？顺理成章离婚？这真的是她要的吗？"这是我的回答。

我并不鼓励女人在关系里头委曲求全，但是如果你没有足够的经济能力，你总是习惯让男人付账，伸手跟男人拿钱，那你就会让自己变成关系里的弱者。这没有什么好不公平的，相反，这很公平。

在娱乐圈工作，有时候当然也会听到一些令人无法理解的事。

有人告诉我，某个长得很漂亮的小模特儿曾经被包养过的事。

那个模特儿真的长得很漂亮，拍起照来有一种特殊的镜头魅力。不化妆的她是一个普通的女孩，脸上也有不少雀斑跟瑕疵，但是只要一化上妆、刷上睫毛膏，马上就变成漂亮的洋娃娃，就连她穿的衣服和鞋子，都变得非常漂亮，让人想要拥有。

这么漂亮的女孩子，也有工作和赚钱的能力，据我所知，她每个月光是靠拍照的收入，就能赚到令人咋舌的酬劳。她的年收入，远远超过一般每日打拼十数个小时的上班族，然而，她却接受富商的包养，好让她可以住更高级的地方，买更多昂贵的名牌包。

看着她有如洋娃娃般精致的脸孔，天真无邪的眼神，我真的不解。

女人和男人之间的需求机制应该是什么？难道男人有钱就真的能够为所欲为，就能够权力无限大了吗？

即使男人可以包养一个女人，用钱换取她的肉体，但是他就因此得到她的爱了吗？

应该不是吧，即使是首富也无法命令他喜欢的女人真心爱上他。

但是或许有些男人，也把男女之间的需求关系看得太肤浅了一点。

我遇过一种男人，和他出门的时候，他喜欢摆阔，不管吃饭还是买东西都抢着付钱，也不管你是不是他的女朋友，反正他好像就很怕你不知道"他有钱"这件事。

有一次，我跟一个不是很熟的男性朋友见面。因为之前在工作上他帮了我很多忙，而他也难得来台北一趟，我就充当一下地陪。

吃完饭，我们到了一间生活用品店，他买了很多东西，我也刚好看到自己想买的一样东西，于是就拿在手上。等到去结账的时候，他坚持要替我的那样东西付钱，说真的，当下觉得不太舒服，我只有一个感觉：你把我当成什么了啊？我不是你的女朋友，更何况我又不是没钱！

后来我也忘了到底是他付还是我付。他早就知道我已婚，并不是要追我，只是习惯帮女人付账而已，但我就没有这种命啊，我不习惯让男人付钱。

我当然不是不知道，很多女生会让男生付钱，也知道很多男生，甘愿帮女生付钱。感情的世界里你情我愿，没什么好比较的，只是我不喜欢让男生出钱，我喜欢自己付，这是个人差异，也不需要炫耀。

话说，现代的21世纪，男女日渐趋于平等的亚洲，我还以为，男女平等，也包括了付账这一项。没想到，现在吃闷亏的男人还是很多。

和丹尼尔结婚后一年多，某个无聊的周末晚上，我们和我的两个朋友去喝酒。要结账的时候，大家开始掏钱包，我很自然地对丹尼尔脱口而出："晚餐钱你出的，那酒钱我来付吧。"

当下，我对面那位认识超过十几年的兄弟，突然吓到瞠目结舌。

"你们夫妻都是这样的吗？"

"怎样？"

"AA制啊。"

"对啊。"

"以前当男女朋友也这样？"

"对啊。"我真的不知道他到底在惊讶什么。

"怎么都没人告诉我？我帮女朋友们付了多少年的钱啊！"他一脸无辜地说。

那天，因为他的女友不在旁边，所以他才敢如此诚实。

即使是像我，始终习惯和男友AA制的女生，也是会遇到某些说不清的男人，他总以为，只要帮女人付钱，她就会跟你在一起。

曾经有个男人，"声泪俱下"地（我没有夸张，或许像我这种冷静派的女人特别容易遇到激动型的男人）对我提出严正的控诉：

"我'可以'接送你上下学，帮你出三餐钱，你为什么不要跟我在一起？"

"我又没要你做这些。更何况，我也没有'要求'你替我做这些。我习惯骑车开车搭公交车，我也兼家教赚自己的零用钱，你说的这些事，我自己就'可以'做啦。"我对他的控诉，感到啼笑皆非。

"那你要什么？女生不就是要'这些'吗？"他泪眼汪汪地说。

话说到此，我明白我根本是在对牛弹琴，牛以为你要的是草，殊不知道我要的是爱。

我不否认，有些女生要"这些"，而且不只这些，认为出去吃饭，男生付钱是应该，买东西，男生付账是应该。但请问一下，这样的女生，有资格说"男女不平等"吗？当你不高兴，男友管制你花钱的方法，买东西的种类，你真的想过，你花的到底是他的钱，还是你自己的钱？

女生或许会理直气壮地说，可是，我花的都是自己赚的啊。

有些女生是这样没错，她吃饭看电影花男友的钱，然后把自己一个月的薪水全部拿去买化妆品跟衣服，所以她理直气壮得很。

如果女生打算一辈子单身，那真的不用理我这个无聊的人妻；如果女生有打算要结婚，甚至就是想嫁给你身边的这个男人，站在你未来老公的立场想一想，你从今以后赚的钱，难道都不需要分担一点到家用上？

换句话说，女生这边花得越多，你能对家庭的贡献就越少。但是，夏天开冷气你一样在吹，瓦斯费跟水费你一毛没出但你照洗热水澡，还有，你上网看连续剧看博客的网络费跟电费，这些生活享受你可一样没少。

那都是谁付的？就是你的男人啊。

我和丹尼尔结婚以来，我们尽量维持公平原则，有时候电费健保费一口气来了好几张（真不要小看这些惊人的支出），我们还会采一人拿两张这种公平发牌法去缴费。

我是女生，多多少少还是会占点便宜。丹尼尔赚得比我多，所以他负担的家用也多，家里贵的东西都是他出钱买的，比较多的房租他付，比较少的幼儿园学费我付。

平常出去吃饭，有时候AA制，有时候一人去付，不一定谁请客，就是看心情而已。旅行的时候，机票旅馆费这些我们也都是平均分担，如果我自己带小孩跟姐妹淘出去玩，当然是我自己出，但如果像今年一家三口出去玩，他就帮女儿付她的那一份。

现在我也有很多朋友流行在家当主妇，既然说好太太不出去工作，就是要以照顾小孩为主，当爸爸的一肩挑起家用也是理所当然，毕竟，带小孩可不比上班轻松啊。

我觉得夫妻之间最重要的是理解和体谅，两个人在一起，不要计较这是谁付那是谁付，但也没必要都让老公全部负担，那男人也太苦命。我自己从记者刚转编剧那一年，少了固定的月薪和可观的稿费，收入遽减，丹尼尔为了支持我还每个月给我零用钱。他也知道，如果有一天我有幸收入超过他，我会很乐意多付一点（或是多存一点在他口袋，因为我很不会存钱，哈）。

我们最近在讨论，为了周末带小孩出去玩，有考虑要买车。我们两人都会开车，但是是我想买的，他愿意配合，说好一人出一半钱，我觉得很公平。

男人不需要把接受女人的钱视为耻辱。如果你的老婆或女朋友真的比较会赚钱，你应该感谢天给你一个能干的老婆，而不要嫉妒她。

在这个社会上普遍的价值观，在学校或在公司，女生被视为是娇弱的，讲不得的，需要保护的，只想做轻松工作的，这难道不是女生自己造成的吗？

女生有能力赚钱，付自己该付的钱，在工作上遇到困难也不躲起来，即使结了婚，有能力赚钱也跟老公分担家用（如果是主妇那就另当别论，主妇赚的钱就是帮家里省的钱），有这样的条件，才有能力去争取"男女平等"。

还有，如果收了贵重的礼物，又没有打算跟那个男人长长久久，就退回去嘛，贪财的女人只会让人轻视。

我想，等我女儿渐渐长大，我会告诉她：

你是女生，这是一种性别，就像这个世界上，有人是黑眼珠，有人是蓝眼珠，这样的差别。你应该去做任何你想做的事，不要担心你会输给男生，你要去想自己想做什么，即使别人不认为女生应该做那件事，如果你想尝试，那就去试。

如果有人对你说喜欢你的外貌，甚至称赞你很漂亮，你不需要骄傲，也不要把外表当成武器。

因为当你把外表当成武器的时候，你已经开始轻视你自己。

男友的妈妈不知道我是谁

> 会在意另一半的父母,这代表,你对他是认真的。
> 对等地,你因此想从他父母的态度,推测出他对你有多认真。

美国影集《欲望城市》(Sex and the City)第一季曾经有这令人难以忘怀的一幕:

女主角凯莉难得穿了端庄的白底绿条纹洋装,很慎重地来到纽约某教会。每个星期天,她的男朋友"大人物"(BIG),都会来此陪母亲做礼拜。

当凯莉终于见到 BIG 的妈,当 BIG 以"这是我朋友,凯莉"介绍她时,凯莉与男友的母亲微笑相望,凯莉的回忆是这样的:

"我想从她脸上寻找对我似曾相识的感觉,但,什么表情都没有。"

这一幕打中很多女人的心。当你和他交往了一段时间,嘴也亲了甚至床也上了,你或许单独,或和其他朋友一群人来到他家,见到他的父或母,你可能有点紧张,在乎自己今天的衣着和化妆,可能期待被当做特别的人来看待,可能等着被介绍……然后,什么都没有发生。

你几乎可以从你男友妈妈的表情上判读出,她不知道你是谁。

更戳心的还有一种，当她听到你的名字，无论你男友是以"朋友"还是"女朋友"介绍你，她都呈现一种无视的态度。

这一刻你才明白，原来这就是被歧视的滋味。信心再强的你，也绝对不好受。

BIG 的母亲离开之后，凯莉质问眼前这个她正在交往的男人："难道她没听过我？"

"等我真正确定之后，我会向她介绍你，我必须按照自己的步骤来。"这是男人的辩解，听起来有理，却很伤人。

我们对于另一半的父母，抱着很微妙的想法。

我必须心虚地承认，如果当我不是太确定和对方的关系，我也不会想要见到他父母。

会在意另一半的父母，这代表，你对他是认真的。

对等地，你因此想从他父母的态度，推测出他对你有多认真。

插播，如果你只打算跟对方玩玩，文章看到这里，你可以离开了，以下要谈的不干你的事。

交往了好几年，你们在朋友面前也算是公开的男女朋友，但是他就是不带你回家认识他爹娘。

最普遍的原因："我们家很传统，一旦带回家，就是要结婚了。"

状况分为两条路线：

一、如果你听到之后，松了一口气，那要不你还年轻没打算结婚，要不你是个不婚主义，要不你根本没打算跟他结婚，总之天下太平，这不构成一个问题。

二、你听到之后，像是内心某个地方被扇了巴掌，因为你男友（或女友）的这个理由反映出来的另一面真相就是："我没有一定要跟你结婚，我不确定你是不是我想找的那个人，所以我不想带你回家。"或"我知道我可能不会跟你结婚，因为你不符合我家的标准"。

最近的一场豪门婚宴，记者采访女方的父亲，问他与这样富可敌国的豪门结亲家，有何想法？

"女儿喜欢就好。"这位出身地方豪族的董事长如此回答。

当然，我们都很清楚，这句话前面还省略了"如果对方的家世、财力、学历都不输给我家的话，女儿喜欢就好"。

天下大概仅有很少的父母，对儿子、女儿交往的对象，是"喜欢就好"。长辈们对于儿女的男女朋友，总可以抱持着各式各样奇怪的挑剔标准。我听过的某些案例，甚至还包括星座、血型这类令人欲哭无泪的理由（难道我们可以改变自己的星座或血型吗？那也只有请医院伪造证明才办得到了！）！

作为一个妈妈，我自认无法做到"只要女儿喜欢，跟毒虫交往也没关系"，但是我也不至于成为神经质又百般刁难的讨人厌母亲。可能要不了几年（现在的小孩可早熟的），米米就会牵着某个陌生小男孩的手来到我家："这是我男朋友哦。"

我可以做到的，是无论那家伙是不是留着癞痢头，鼻涕也没擦干净，还是裤子上沾了一点尿尿的味道，我都可以忍耐着不去问他老爸做什么，你在学校成绩怎么样，把他当做米米很喜欢的一个好朋友，温柔地招呼他。

我并不认为，对于自己儿女的交往对象一无所知，是一件好事。无论她现在几岁，是不是离结婚年龄还远，或者他们就还只是像朋友混在一起，了解她为什么会喜欢这个人，这个人有什么特别的地方吸

引她，也是很重要的。或许父母一辈子也不会理解儿女做出的选择，但这也是身为父母，必须学习的一部分。

我说我们对另一半的父母，有种很微妙的想法，那是因为，每个人当然都希望能受长辈喜爱，尤其那人还是你喜欢的人的爸或妈。然而我们又不希望，是因为他爸他妈喜欢你，所以他才喜欢你。好比我曾经被约会对象称赞过一句吊诡的话："你的各方面条件，我妈一定喜欢。"

我听了喜忧参半，喜的是我知道自己绝对不会因为条件差而被嫌弃，忧的是我喜欢上的这个男人想法显然有些古旧。搞得我很想请问一下这位孝子，"那你觉得你跟你妈比，谁比较喜欢我？"

当然我没问，这问题是无厘头到极点。重点是你到底喜不喜欢我啊？如果你不是非常喜欢我，那你妈很喜欢我派不上用场！

如果你男友的妈妈，不知道你是谁。你很在乎这件事，你就应该拿出正面的态度，好好地跟他谈："我很喜欢你，也想知道你的爸妈是怎样的人，毕竟他们对你而言很重要，而且，那也是构成你很重要的一部分。我希望我可以更了解你，才知道我该如何在这段关系里做得更好。"

这是个检验你们关系的机会，你们是否会往前一步，还是会原地踏步（除非这是你想要的），就看他的决定。

如果你明明很在乎，却装作没关系，那在爱情里，不愿意面对真相的人，其实是你。

他的妈妈不喜欢你

> 与其去想未来的婆媳关系会怎样,不如先好好想想这个男人到底值不值得。

这个题目前几天就想写,正好今天有一则新闻是这样的:

儿未娶、女未嫁　老妈最烦

母亲节将届,新竹市一家单身俱乐部针对九百八十名会员的母亲调查,妈妈最大的烦恼和最大的心愿是什么?答案是最担心成年儿女形单影只,最盼望儿女找到好归宿。

"SIP科学园区单身俱乐部"三四月间访问会员的母亲,发现从四十岁到八十岁的妈妈都异口同声表示,子女未嫁娶是最大苦恼;高达九成五的妈妈认为,单身子女寻找异性对象,缺乏合法安全管道,也令她们烦恼。(《联合报》)

我们由此可知,台湾的妈妈们,真的很关心儿女们的婚姻大事,关心的程度,可能还超过关心自己的幸福和健康。

如果偏偏你男友的妈妈不怎么喜欢你,那该怎么办?

她之所以不喜欢你,可以有千百种理由:嫌你长相不大方,带出去一个穷酸样;嫌你长得太美,以后会变狐狸精红杏出墙;嫌你学历太低,配不上她儿子;嫌你学历太高,嫁过去会压不住;嫌你身高太矮,可能会生出哈比人贻笑家族;嫌你身高太高,站在她儿子旁边像个女超人;嫌你不会赚钱,她儿子为了养家可能会过劳死;嫌你太会赚钱,让她儿子像个无能又无才的傻瓜。

由此可知,不管你是什么样条件的人,你男朋友的妈妈,都有可能不喜欢你。

父母们本来就是自私又霸道的,自己一手捏大疼大的小孩,本来以自己为世界的中心,不知何时悄悄地转移到另一个人身上。对那个人言听计从,吃饭时心不在焉只想打电话给他,还费心思花大钱买礼物送给他,看在父母们的眼里,怎么可能不点燃熊熊妒火?

成为父母的人,很容易就能体会父母的心情,但是还没有子女的人,却很难想象父母的自私由何而来。婚前我老爸对丹尼尔也是百般挑剔,明明没那么讨厌他却故意摆谱来给脸色看,甚至还瞒着我偷偷调查他的学历真假,行为荒谬简直到了匪夷所思的程度。然而,自从丹尼尔也升格为爸之后,有次我问他,如果某日回家看到一个男人搂着女儿坐在沙发上,他会如何反应?

"马上叫那家伙去倒垃圾!"丹尼尔瞬时变脸。这就叫做天下父母心。

我们都希望自己以后能够成为大方的父母,不过,父母对子女的爱和占有,本来就是极为自然的。

如果你男友的妈妈非常讨厌你,那叫做"正常";有一点讨厌你,这叫做"妥协";一点都不讨厌你,真的是"谢天谢地"。

从这个角度出发，或许你就不会那么不平衡，为什么你男友的妈妈不喜欢你。她不喜欢你本来就是应该的，反过来说，你也不可能"自然地"喜欢她。你喜欢她的程度，建立在"她喜欢你多少"这个基础上，但是，你可以让自己，不需要那么讨厌她。

这对母子再怎么亲密，也不可能你跟他约会天天都有他妈，因此假设一周七天，你每周见到他妈一次已经是吓死人的高频率。那么，我们何不把她当做以前高中最讨厌的某个老师，或者办公室里最讨厌的某个主管，你都可以忍受天天见到那猪头上司了，为什么你不能在他家吃饭的两小时间忍耐一下呢？

你可以不必故作亲切，也可以不必刻意摆谱，就拿出你一般的样子。要是你的口才不是很好，又常把场子搞冷，那就多一句不如少一句，默默地吃饭喝茶就好，反正话再怎么少，只要猛说"谢谢"，人家就会觉得你有礼貌。

不过，永远要记住一个原则，把你男友摆在你男友的妈妈之前，不需要太在意他妈对你的感受，那一点都不重要，你男友到底有没有爱你，这才最重要。

毕竟，跟你交往的人，是你男友，不是你男友的妈妈。

你打算共度一生的人，是你男友，不是你男友的妈妈。你欣赏的优点，你喜欢的个性，这些东西，都来自你男友，不是"你男友的妈妈"。难道，她可以在你们两人谈情说爱时像鬼魂一样如影随形？难道，她能让你男友改掉劈腿的坏习惯，或者变得更加奋发向上？相信我，生下一个孩子已经非常伟大，他妈妈并没有你想象中那么伟大。

人生有太多事项我们无法控制，你无法控制一个男人会不会喜欢你，同样，你也无法控制一个男人的妈妈会不会喜欢你。有的媳妇在婚前的婆婆眼中是淑女，婚后却被婆婆骂得像妓女，也有的媳妇婚前被嫌到差点进不了门，但婚后却让公婆最感心。与其去想未来的婆媳关系会怎样，不如先好好想想这个男人到底值不值得。

所以，如果你男友无惧于家里的压力，不管他妈妈怎么口口声声说要反对，他还是坚持要把你娶回家，恭喜你，他是真心爱你，你就跟他共度一生吧。

如果你男友把妈妈当借口，说因为他妈不喜欢你所以要分手，哈，这绝对不是真正分手的理由，天晓得他就是不够喜欢你或者又看上了哪个更辣的妹，那只是一个借口，我还真可怜了他妈。

愿天下的母亲，别再烦恼儿不娶女不嫁，天晓得他到底喜欢的是女人还是男人？如果他不喜欢女人，就当自己多一个儿子，看开点吧！

女友和老妈，该选谁？

> 该选"女友"还是"老妈"这个问题，根本就不存在真实的选项，问者和被问者都心知肚明，爱情的"女友"和亲情的"老妈"，是不能被放在同一把天平上来论斤秤两的。

我们在那种很番石榴的爱情小说或是戏剧里常会看到，情侣或夫妻吵架吵到激烈崩溃时，就会迸出这一句台词："如果有一天我和你妈都掉到水里，你会先救谁起来？"

女主角愤愤不平地（可能还梨花带泪），如此质问男人。

没想到，随着时代变迁，最近比较常听说的，反倒不是女问男，而变成了男问女："你和我妈，我该选谁？"

要我来说，这应该不能算是一个真实的问题。所谓的"问题"，是奠基于真实的选择，例如："现在我们去你家还是各自回家？""你想喝茶还是喝咖啡？"

然而，该选"女友"还是"老妈"这个问题，根本就不存在真实的选项，问者和被问者都心知肚明，爱情的"女友"和亲情的"老妈"，是不能被放在同一把天平上来论斤秤两的。

所以，这篇文章并不是来解答这个问题的，而是来分析，问这"不真实问题"的男人，骨子里到底在想什么。

如果你的男人，恰巧就问过你类似的问题，那么，请先阅读以下几项评量标准：

第一，你自认是他的女朋友，他在你面前也没否认你是他女友，但是……

现在的男人不像以前那么简单了，女人有多少招数来检验他们是玩真的还是假的，他们也就有多少招数可以对你避重就轻。

你们牵了手亲了嘴可能还上了床，你认为你们是"在一起"的，他会叫你"亲爱的"、"宝贝"，你和他在公众场合出双入对，你去他朋友的聚会，你朋友的聚会他也会参加，你认为你们是一对，没问题的。

是吗？你确定，你已经认识了他全部的、最重要的朋友吗？

他是不是有时候说他有事，他要见个朋友（天晓得是一群还是一个），也没提过要你去？

关于这类模糊的聚会或邀约，他通常讲得很简单，没有明确的人、时、地。他很聪明，他没有瞒着你，他告诉你他有事，他没说谎，他只是没说清楚而已。

或许，你不知道，他有许多个池塘。没错，你是他女友，但仅限于这个池塘，至于其他池塘里养着什么鱼，他不会让你知道，你问了也不会有答案。

第二，他有时候没接你电话，或接了之后没办法讲，却忘了回电话给你。

我几乎可以大胆地说，这世界上，大概没有男人，会忘了回自己喜欢的女人的电话。

反之亦然，女人也不会忘记。

那些说"不好意思我正在忙，一忙就忘了……"的，都是借口。

只有一种可能可以原谅，那就是他一直在忙，忙到直到你又打了第二通去，他还在开同一个会，或还被同一件事情给缠着，那么我们或许可以稍稍地理解他，人都有忙不过来的时刻。

但是，那要看你打电话的频率有多高。我的意思是说，如果你早上打了一通，直到晚上他都忘了回，那就太扯了。

他总得要吃个饭，上个厕所，抽根烟吧？他一定有离开的空当，如果你对他来说很重要，他不会忘了你。

他喜欢你，他爱你，他想听你的撒娇绝对超过他想听老板碎碎念的欲望好几倍，你的声音是他的大力丸，身为一个男人不会忘记吃威而刚，好让自己保持精力充沛。

除非，他懒得回你电话，想到打给你也让他提不起劲，或很头痛，更残酷的是，他打不打给你，你会不会生气，他根本无所谓。

年轻的时候我也天真过，以为男人不回电话是真的在忙。后来感情经验多了，交往过的或没交往过的，发现过往人生都是自我安慰，男人不接电话或不回电话只有一种结论：他不在乎你。

第三，他并不渴望和你一起旅行。

这是一个很微妙的问题，因为旅行之于生活，是一件可有可无的事，即使你们两个人没有一起旅行过，光凭他平日的表现，你可能还是觉得他很爱你。

但是当女人提出想一起去旅行的邀约,或,女人说我好想去哪里哦,喜欢着你的男人,没有想跟随的欲望,其实是一件诡异的事。

除非他犯了什么要命的罪被限制出境,或者他做着那种一年365天都不给休假的非人性工作(就我所知,菲佣和泰劳也都有放假),不然,抽出几天甚至一周,和心爱的女人一起开车远游,或搭飞机到异国去,对男人来说应该也很具吸引力。

旅行,当然也是测试两人价值观和生活习惯的大好机会,在此先不赘述。

如果你们已经交往一段时间了,他不只一次拒绝你的旅行邀约,还看似体贴地说"跟你的姐妹淘去比较尽兴啊","我很忙不去了,你好好玩",那要不他是真的很穷或很抠,连旅行的钱也要省,要不就请你重读第一项。

你可能只是他某个池塘里的女朋友,他,还有好几个其他的池塘要照顾哩。

第四,当你谈到未来,永远没有明确的答案。

所谓的未来包含很多,例如你要出国深造,或只是想去哪里短期游学,更远的一点包含结婚,买房子,住哪里,等等。你或许眼睛发亮,期待他给你一个让你心安的答案,但是,你往往有些失落。

正如我之前说的,现在的男人技巧高超,他们不会明白说不,或不要。

对于女人来说,困难的是,如何在他百转千回的答案里,抽丝剥茧得出他到底是一个善类,还是一个骗子。

状况A:

"你想继续深造，很好啊。"男人说。

"你想跟我去吗？（或'你会来找我吗？'）"女人问。

"我想尊重你，你做你自己想做的事，我不会阻拦你。"好像也对，理性的男人，不是很好？

鬼扯。

他可以不跟你去，但他不可能毫无反应。比较激动的可能会表达"那我怎么办？"比较温柔的可能用耍赖的"我也要去"或"你把我装在行李箱里带去好了"。

如果你的男人，平静又理性，你可能要小心，究竟你的离去，对他来说是心如刀割，还是皆大欢喜？

状况 B：

"要不要去看房子？"女人问。

"你想买房子？"男人说。

"嗯……可以看看啊，想要有一个自己的空间。"女人或许不好意思直接讲明，是想和你有一个属于两人的空间。

"哦，那很好啊。"这代表，他没有要跟你一起住。

只有不打算长相厮守的男女，才会各自买房子。

如果结婚甚至同居，是两人认知的共同未来目标，那么男人和女人，只会想尽办法加速可以住在一起，而没有各自买各自房子的道理。

即使是再艰难的异国恋，或远距离恋爱，双方也都会尽可能在"可预期的未来"解决距离的问题。

那种号称我们还在一起，但事实上分居两地多年也无所谓的恋人或夫妻，能够修成正果（或还没离婚的），至今我还没看过。

我曾经有个朋友，她和男友分手的导火线之一，就是交往好几年的男友，竟然背着她，不声不响地买了一间房子，从看房到装潢，整个过程都没让她参与！

这真的很诡异，如果你们两人交往有一段时间，也都称得上适婚年龄，没道理男人买房的时候将你排除在外，除非，这房子他没打算跟你住，简单说，你不在他的未来里！

狡猾的男人，不会告诉你，"我的未来没有你"。如果他的人生计划是一出连续剧，他永远不会让你看到下一集的剧情发展，因为谁也不知道，你可能在哪一集就被编剧送回家吃自己，当然，编剧就是他本人。

第五，你想了解他的爸妈，但他不想让他的爸妈了解你。

他最重要也最真实的人生背景之一，就是他的家人。绝大多数男人都不擅长描述，跟女人常常可以自问自答相比，男人通常都要在女人不断进行"采访"的状况下，才能把自己的过去交代一遍。

狡猾的男人，不会避讳告诉你，他的爸与妈在做什么，是什么样的人，但最大的难关是，你永远见不到他的爸与妈。

最常见的理由，男女都爱用的就是，"我们家很保守，一旦带回家就是要结婚了"。如果你还是学生不想结婚，这种理由你大概也会点头如捣蒜；但如果你已经是名熟女，也有和这位仁兄结婚的打算，这种理由听来一点都不诚恳，因为这句话的另一层含义就是"我不打算跟你结婚，所以不能带你回家"。

总有其他的办法，你可以知道他们家有多保守。例如，他的兄弟姐妹，是否带过自己的男女朋友回家？例如，他是否曾经带过前任女友回家？或他的爸妈至今竟然相信自己儿子年过而立了，还没有交过女友一个？

他担心他妈妈不喜欢你，那是另一个问题。天下的父母不喜欢儿女带来的男女朋友，这叫做"正常"。

事实上，我自己知道的，爸妈不喜欢女友但硬要娶进门的，并不在少数，幸不幸福就看个人修行，你可以对长辈睁一只眼闭一只眼，这只耳进那只耳出，不要想太多，毕竟与你共度一生的，是你的男人，不是他妈。

但是，男人不能用"我妈可能会不喜欢你"这类理由来拒绝你认识他妈，他一定会向他妈表明他有女朋友，也会把你带去他家表明"确有此人"（杜绝相亲），但他妈爱不爱你不是他在意的，反正他爱你就好。

天下没有男人蠢到不知道自己妈妈有多难搞，请相信我，他妈也许很可怕，但他妈再伟大，也阻绝不了他把你占为己有的决心。

评量标准列举至此，如果你打钩的选项超过三项，那么你男人问你这不真实问题的动机，就很明显了。

"我是很喜欢你，哦，或许迷恋你身体的某个部位，这也可以称得上爱吧。但是，你不是我心中的女神，你跟我梦想的女人，还有一段距离。我还无法想象早上醒来都会看到你，也无法想象你天天坐在我家的客厅，嗯，跟你一起生活？那是个复杂的问题。"

这或许就是他的真心话。

那么，你和他妈，他该选谁？他真正想告诉你的是：Sorry，我不知道下一次我会不会选我妈，但是呢，我永远不会选你。

☆ 即使没有白马王子，你也可以做自己的女王！
☆ 与曾子航遥望的台湾首席美女情感畅销书作家女王最新力作
☆ 台湾地区销量 Top1 蝉联诚品、金石堂、博客来 30 周冠军
☆ 辛辣无比却又让你感动落泪的女性心灵成长经典

《一辈子做女王》

女王 著

重庆出版社

"结婚只是为了证明自己有人要？""我宁可浪费我的青春，也不愿你耽误我的人生！""找到饭票不一定可以养你一辈子，许多饭票还会不小心跳票！"……暌违两年，刚迈入 30 岁的台湾首席情感畅销书作家女王推出新作，一针见血地剖析了年过 25 岁的女性所面临的年龄危机、情感迷茫、财务不佳等问题，文字依旧辛辣无比，但观点中已融入因年龄而带来的柔软智慧。

大多数年过 25 岁的女性以为进入 30 岁就会迈入一个黑暗世界，急于在 30 岁以前嫁掉自己。女王却说，30 岁以后的人生会往更好的方向迈进："我们不应该赶着搭列车，追随别人定的时刻表，而应自己开车，认真欣赏人生的风景。这或许比较麻烦、比较累、比较冒险，但是，掌握自己人生方向盘的女性更有魅力。"

本书献给所有在人生旅途中彷徨的女性，期望她们能从书中获得好好爱自己的力量，在这个新时代做一个自信、快乐并活出自我的新女性，创造属于自己的幸福力！

☆ 你住在爱情的哪一楼，决定你与幸福之间的距离
☆ 全球最畅销的两性情感关系经典之作！
☆ 拯救1000万男女情感生活的心理学圣经
☆ 走出情感混沌期，寻找真爱与发现自我的最佳心灵抚慰书

《你住在爱情的哪一楼》
[美] 伊雅娜·范赞特　著
重庆出版社

美国最具影响力的情感关系导师范赞特以"爱之屋"来比喻情感关系，不同的情感状态分属不同的楼层：

地下室　情感生活一团糟，仿佛置身阴暗潮湿的地下室。根本不知道存在问题，为自己的不快乐责怪别人，不明白自己为什么总是遇不到对的人。

一　楼　知道自己的情感生活出现了问题，但不肯正视问题。

二　楼　知道自己应该做些什么来挽救情感关系，但往往因为逃避、不懂得处理自己的感受，或没有弄清自己的真实期望，而爱上不该爱的人。

三　楼　学会用新的行为模式处理自己的情感问题。尊重自己的感觉，也宽恕他人。

阁　楼　无条件地爱自己，并据此建构与他人的情感关系。

☆ 一本直击女人内心的恋爱手册
☆ 一部识破男人底线的爱情宝典
☆ 20 岁恋爱就成功，25 岁登上幸福船，1000 万女性的爱情秘籍
☆ 情感和媒体专家：苏芩 胡邓 徐巍 朱建军 感动推荐

《爱情有"毒"》

卢悦 著

重庆出版社

男人常说，不想结婚是因为没有遇上动心的姑娘，《爱情有"毒"》来了，聪明的女人可以让男人的野心"飞"！——苏芩 畅销情感作家

这是著名情感专家卢悦的一本婚恋心理指导书！他从多年来在各大电视台和媒体接触的一手婚恋案例出发，完整分析处于恋爱中的人（主要是女人）各种心理状态，尤其是对各种中了"情毒"的人，一针见血提出问题，教会女人"百毒不侵"，怎么识别有潜力的优质男和"可能很坏"的男人。最可贵的是，他道破了一些深层的心里话，点出了恋爱中的心理潜规则，在书中分享他解决问题的相应办法、建议，确实是广大红粉恋人的相亲秘籍。

☆ 拯救1.4亿男女情感生活的心理学圣经

☆ 女人必读，男人更应该读

☆ 了解两性关系的绝佳指导书，每一个正在思考爱情和婚姻的人都应该阅读它

《男人来自火星，女人来自金星》
（白金升级版）

[美] 约翰·格雷 著

重庆出版社

本书是《男人来自火星，女人来自金星》的升级版，是"男人来自火星，女人来自金星"系列中概念更清晰完善、分析更深刻，更具有实践性和指导性的一本，长居《纽约时报·书评周刊》畅销书排行榜。对男女在沟通、应对压力、解决冲突、体验爱和给予爱等方面的差异有许多新颖的阐述，有助于我们更深入地理解自己的情感关系。

格雷博士在本书中归纳出男人和女人在认知上的巨大差异：男人习惯"聚焦式"看待世事，女人则是"发散式"看待周围的一切。这一认知差异导致男女在思维模式、做事方法、交流形式上的截然不同。他认为，只有尊重并欣赏彼此的天生差异，我们才能在两性关系中获得真正的快乐和满足。